Pensamento Estratégico para Líderes de Hoje e Amanhã

Pensamento Estratégico para Líderes de Hoje e Amanhã

Organizadora **DULCE MAGALHÃES**

CARLOS ALBERTO **JÚLIO**
CESAR **ROMÃO**
CÉSAR **SOUZA**
CLÓVIS **TAVARES**
EUGENIO **MUSSAK**
IÇAMI **TIBA**
JOÃO ROBERTO **GRETZ**
LEILA **NAVARRO**
LUIZ ALMEIDA **MARINS** FILHO
MARCO AURÉLIO FERREIRA **VIANNA**
REINALDO **POLITO**
WALDEZ LUIZ **LUDWIG**

INTEGRARE
EDITORA

Copyright © 2008 Integrare Editora Ltda.
Copyright © 2008 Todos os autores

Publisher
Maurício Machado

Assistente editorial
Luciana M. Tiba

Produção editorial e coordenação
Estúdio Sabiá

Copidesque
Silvana Rodrigues

Revisão de provas
Bruno SR e Ceci Meira

Projeto gráfico de capa e miolo
Alberto Mateus

Diagramação
Crayon Editorial

Dados Internacionais de Catalogação na Publicação (CIP)
(Câmara Brasileira do Livro, SP, Brasil)

Pensamento estratégico para líderes de hoje e amanhã. -- São
Paulo : Integrare Editora, 2008.

Vários autores.
Bibliografia.
ISBN 978-85-99362-28-0

1. Administração 2. Atitude - Mudança 3. Criatividade
4. Liderança 5. Motivação 6. Mudança organizacional
7. Sucesso profissional.

08-07322   CDD-658.4092

Índices para catálogo sistemático:

1. Líderes : Pensamento estratégico :
Administração de empresas 658.4092

Todos os direitos reservados à INTEGRARE EDITORA LTDA.
Rua Tabapuã, 1123, 7º andar, conj. 71/74
CEP 04533-014 - São Paulo - SP - Brasil
Tel. (55) (11) 3562-8590
Visite nosso site: www.integrareeditora.com.br

MUNDOS EM TRANSFORMAÇÃO

AMPLIAR A CONSCIÊNCIA é a grande aventura humana, cujo caminho passa, necessariamente, pela educação. Nada poderia simbolizar melhor a experiência da educação do que um livro. É por isso que estamos felizes em partilhar a aventura deste livro que ora chega às suas mãos.

Também nos move a gratidão pela oportunidade concedida ao Campus UNIPAZ Ilha de Santa Catarina (Universidade Internacional da Paz) para fazer conhecer seu trabalho, bem como pela generosidade dos autores e da Integrare Editora em beneficiar a entidade com recursos, advindos deste livro, para seus projetos. Ao sermos favorecidos por esse gesto, compreendemos que nossa responsabilidade se aprofunda e nossa tarefa se expande.

A Unipaz foi fundada em Brasília, em 1987, e hoje está presente em oito países com uma rede de mais de 20 unidades. Nossa missão é educar para uma cultura de paz e não-violência, desenvolvendo três dimensões da ecologia: pessoal, social e ambiental. Atuamos com o paradigma transdiciplinar holístico, o que significa que nossa proposta é expandir a visão de mundo acerca da unidade de todas as coisas e da interligação de todos os seres.

Nossas ações são fundamentadas nos valores da Inclusividade, Inteireza e Plenitude. Percebemos o quanto a mensagem e os propósitos deste livro, tanto quanto a forma como os resultados de suas vendas serão aplicados, estão em completa sintonia com esses valores.

Em vez de um conjunto de fragmentos de idéias, este livro é a unidade na diversidade. Sua inteireza está nisso.

O conteúdo espelha os propósitos que buscamos e a transformação que almejamos, convidando o leitor a buscar a própria transformação interior, na jornada mais profunda da auto-responsabilidade. Eis a plenitude.

Além disso, os autores e a editora transferem os recursos do livro para uma causa que pode fazer chegar mais e mais longe a transformação pacífica e próspera que desejamos. Isso é inclusividade.

Desenvolvemos nosso trabalho através de várias iniciativas educativas. O programa central é a Formação Holística de Base, que dura dois anos e recebe pessoas interessadas no crescimento integral do ser humano, no desenvolvimento social sustentável e comprometidas com o projeto da paz mundial.

O processo que propomos em nosso trabalho é composto de três partes: o despertar, a caminhada e a obra-prima. Novamente, encontramos ressonância neste livro. As idéias aqui presentes são o próprio despertar, um convite para uma nova visão. A caminhada será tudo o que faremos a partir dessas idéias. Por fim, a obra-prima é o fruto de toda essa experiência, o resultado que produzimos no mundo, o conjunto de nossa própria existência.

Sem o despertar, as demais etapas não se estabelecem. Tudo está interligado e, se não estivermos dispostos a aprender e transformar a realidade, não desfrutaremos do presente que um livro representa.

As oportunidades já se encontram em nossas mãos. É preciso fazer a nossa parte, estar disponível para produzir a nova realidade tão almejada. Afinal, para viver num mundo melhor é preciso merecer. Que sejamos dignos dos sonhos que nos habitam!

Conselho Gestor do Campus
UNIPAZ Ilha de Santa Catarina
Florianópolis, 2008
www.unipazsc.org

SUMÁRIO

PREFÁCIO 11
Max Gehringer

APRESENTAÇÃO 13
Dulce Magalhães

REFLEXÕES SOBRE A RELAÇÃO DO HOMEM COM SEU FUTURO 17
Eugenio Mussak
SABER O QUE SE QUER 22

A ECONOMIA DO CEDRO 23
Carlos Alberto Júlio
CENÁRIOS 25

SERÁ QUE O FUTURO CHEGOU? 27
João Roberto Gretz
A SEMENTE DO FUTURO 28

OS SINAIS ESTÃO EM TODA PARTE 31
Carlos Alberto Júlio
VENTANIA PELA FRENTE? 38

FUNDAMENTOS PERMANENTES 41
Marco Aurélio Ferreira Vianna
AQUILO QUE PREVALECE 43

FLUINDO NUM MUNDO EM TRANFORMAÇÃO 45
Leila Navarro
APRENDENDO A ARTE DO EQUILÍBRIO 47

APRENDENDO A FLUIR 51

Leila Navarro

NA FLUIDEZ CRIATIVA 52

INOVANDO O MARKETING COM MÁGICA 55

Clóvis Tavares

PONTOS DE INOVAÇÃO 57

O ÊXODO INDUSTRIAL 59

Waldez Luiz Ludwig

ESCREVENDO NOVOS FUTUROS 61

A REGRA DE 3 63

Carlos Alberto Júlio

TEIA GLOBAL 65

EDUCANDO OS HERDEIROS DO FUTURO 69

Içami Tiba

FAMÍLIA CIDADÃ 71

NOVAS RELAÇÕES, DIFERENTES RESULTADOS 73

Içami Tiba

FORJANDO NOVOS CENÁRIOS 79

REPENSANDO A EDUCAÇÃO CORPORATIVA 81

Luiz Almeida Marins Filho

REINVENÇÃO É INOVAÇÃO 83

REPENSANDO A EDUCAÇÃO CORPORATIVA 85

Luiz Almeida Marins Filho

REVISANDO PARADIGMAS 86

ROMPENDO COM O ARCAICO 87

Luiz Almeida Marins Filho

OS DESAFIOS DA LIDERANÇA 89

OS SEGREDOS DO LÍDER INSPIRADOR 91

César Souza

ATITUDES QUE FAZEM A DIFERENÇA 95

O LÍDER TRIUNFADOR 97

Marco Aurélio Ferreira Vianna

BARREIRAS AINDA POR ROMPER 99

O QUE REALMENTE CONTA 101

Jõao Roberto Gretz

A MÁGICA ESTÁ NO OLHAR 103

O "NOVO" RENASCIMENTO 105

Waldez Luiz Ludwig

INDO UM PASSO ALÉM 106

ATITUDES QUE FAZEM A DIFERENÇA 109

César Souza

MOTIVOS PARA SEGUIR EM FRENTE 110

DETERMINE-SE A SER QUEM DESEJA SER 113

Reinaldo Polito

A ARTE DE SER UM LÍDER 115

GESTÃO DA MOTIVAÇÃO 117

Cesar Romão

DE BRAÇOS DADOS COM A VIDA 119

BIBLIOGRAFIA 121

PREFÁCIO

Nata. Essa é a palavra que melhor define o raro encontro de notáveis talentos reunidos neste livro. Embora com formações e experiências diversas, os autores têm algo em comum: a capacidade de entender e explicar – com a profundidade necessária, mas com suficiente clareza – os complexos labirintos da vida pessoal e profissional.

Eu poderia parar por aqui, já que prefácios servem para dizer: "sim, sem dúvida, este é um livro que você precisa ler". Mas existe uma outra razão para que eu estique um pouquinho o assunto. Há alguns anos, os autores decidiram se agrupar em uma fraternidade, porque todos são conferencistas, a par de outras atividades que cada um exerce. Rapidamente, descobrimos que tínhamos algo mais em comum, além da profissão de falar em público. Nós gostamos de conversar e de trocar idéias. Um e-mail, sobre um assunto aparentemente sem importância, gera uma sucessão de mensagens que produzem desde as reflexões mais profundas até as mais descaradas gargalhadas. Assim, pelo puro prazer de opinar e de ouvir as opiniões alheias, nós temos compartilhado nossos sucessos, nossas alegrias, nossas eventuais tristezas, nossas pequenas frustrações, e, principalmente, o respeito e a admiração que temos uns pelos outros.

Em suma, esta é a turma que eu leio todos os dias. E a idéia do livro brotou exatamente dessa contínua e profícua troca de mensagens. Alguém perguntou: por que não repartir com mais pessoas aquilo que repartimos diariamente entre nós? Portanto, espero que todos se divirtam e aprendam, como eu venho me divertindo e aprendendo há anos, com as pérolas que se espalham por estas páginas.

Max Gehringer

"Esta obra é como um baú repleto de jóias raras e muito preciosas. Ela contém os pensamentos dos melhores profissionais do mundo. Usufrua este maravilhoso tesouro."

Daniel Godri
Palestrante motivacional e escritor

APRESENTAÇÃO

Dulce Magalhães

Educadora, pesquisadora, escritora e palestrante

ESTE LIVRO, MAIS QUE UM TEXTO de reflexões e conteúdos, é um convite para repensarmos o quebra-cabeças existencial. O tema central é a mudança, mas o livro é o desvendar da dança de passos intrincados que gira ao redor de toda transformação.

Seu conteúdo revela cenários de escolhas e possibilidades em que a visão sistêmica será estimulada e o pensamento estratégico exercitado. Aqui, cabe a definição do que é esse conceito que dá título a esta obra. Para a estratégia, no Ocidente, não há metáfora mais pertinente que um jogo de xadrez. Ele pode nos servir perfeitamente para entender estratégia, pois nos faz compreender que é preciso ver com antecipação e fazer escolhas a partir de cenários e caminhos.

Entretanto, para aprimorarmos nosso entendimento do que seja pensamento estratégico e nos beneficiarmos dos conteúdos deste livro é preciso ampliar a metáfora, e o jogo japonês Go pode nos levar além do entendimento clássico. Esse jogo foi criado na China há cerca de 4.000 anos e chegou ao Japão há mais de 1.300 anos.

É um jogo que trata de conquistar e ampliar território, e para isso é preciso mergulhar nas múltiplas jogadas possíveis e refazer a perspectiva tantas vezes quantas forem as mudanças de cenário. Tudo é sempre novo e em completo diálogo com a realidade que se apresenta a cada movimento.

Em um tabuleiro de Go há 19 linhas horizontais e 19 linhas verticais, onde o cruzamento das linhas também é utilizado, perfazendo 361 intersecções. Isso representa uma infinidade de possibilidades, que nem mesmo o mais genial dos indivíduos poderá prever em sua totalidade.

No xadrez podemos antecipar jogadas, como um exercício de cenários múltiplos, e fazer escolhas dentro de uma variada, porém definida, gama de possibilidades. Já no Go é irrelevante definir cenários, pois eles se modificam o tempo todo e a infinidade de escolhas prévias tira o sentido da previsibilidade, colocando o jogador dentro da perspectiva do *continuum* da mudança.

É aí que se desenvolve o verdadeiro pensamento estratégico, pois, ao invés de caminharmos pelos cenários com pré-concepções das possibilidades vindouras, podemos abrir nossos sensores para, a cada instante, redefinir nossa posição e rever nossos passos, dentro da mutação constante do caminho, sem perder de vista o propósito.

A essência do pensamento estratégico não é a capacidade de previsão, mas da mutabilidade necessária na imprevisibilidade da existência. Dessa forma, estratégia torna-se sinônimo de flexibilidade e faz parceria com criatividade.

Pensar estrategicamente é se tornar a mudança, é ser absorvido pela realidade a cada passo do caminho, sem se apegar ao mapa das expectativas, que, muitas vezes, forma uma névoa em que não conseguimos enxergar o verdadeiro território.

Entretanto, é preciso definir que o leitor ao qual se destina este livro não é o estrategista, o planejador, o administrador ou gestor. Este não é um livro de métodos ou modelos, é um livro para despertar o pensador, mobilizar corações e mentes para se desprender dos modelos e vivenciar, com inteireza, a transformação perene, acionando os vetores de força da realidade na direção dos objetivos que se deseja.

Isto é o que faz um líder, orientar-se para os propósitos, independentemente dos cenários, sem perder o toque do momento e das relações. Assim, o destinatário deste livro é o indivíduo que exerce sua liderança ou a está desenvolvendo. Os lideres de hoje e de amanhã.

Esta obra não é um compêndio sobre cenários, nem trata das metodologias do planejamento estratégico. Este é um livro sobre a flexibilidade necessária para promover sucesso em cenários imprevisíveis, que descartam métodos e planos na mesma velocidade em que a vida acontece, segundo a segundo. Este é um livro sobre capacidade de mudança num mundo em plena transformação.

Um mundo em transformação

A mais certa de todas as previsões é a mudança. Por isso, um livro tratando do tema não é algo fora do contexto, até é esperado. O que diferencia este de outros livros é a oportunidade de navegar pelo tema da mudança através do olhar apurado e do conteúdo primoroso de pensadores que estão entre os melhores palestrantes brasileiros.

Cada um traz seu viés especial, compondo esse mosaico de pensamentos que amplia nossa visão e nos conduz, através da selva crescente da informação, a um oásis de percepção expandida, para sermos capazes de encontrar caminhos próprios para os desafios de sempre. Desenvolver o pensamento estratégico depende de transcender paradigmas para a superação de nossos próprios obstáculos.

Os temas são tão variados quanto a própria mudança, e vamos ser convidados a pensar e refletir, desde a mudança histórica e cósmica que cria a realidade em que estamos inseridos, até a mudança mais básica, de nossos hábitos pessoais e familiares, que cria a realidade que vamos viver.

Este é também um livro inquietante que denuncia posturas arcaicas que impedem o crescimento pessoal e coletivo e nos instiga a sermos os agentes da mudança que desejamos que aconteça; porém não perderemos a motivação, pois os textos estão recheados de incentivo e olhares que nos permitem ver portais onde parece haver apenas paredes.

Há mudança, esse fato é inquestionável, porém a qualidade dessas mudanças é proporcional ao nível de consciência com que navegamos através do rio da vida e nos lançamos com confiança aos novos cenários que se descortinam nesta singular jornada.

A cada instante temos à nossa frente uma infinidade de possibilidades de seguir, fazer ou não fazer, aprender ou ignorar, entender ou conflitar, querer ou repudiar, enfim uma miríade de caminhos. Nosso livre-arbítrio nos permite escolher, entre tantas alternativas, a que o nosso nível de consciência compreende como a mais adequada. A partir daí vamos viver o destino que esta escolha trouxe. Sendo assim, a vida é um fluir constante entre a escolha produzida pelo livre-arbítrio e o destino conseqüente dessa escolha. A cada instante uma nova oportunidade de escolha está à disposição.

A leitura deste livro e as profundas reflexões que pode gerar fazem parte da escolha que cada leitor está fazendo neste instante, inspirando um novo destino, como é papel de um bom livro. Para além de todas as escolhas, ou como uma metaescolha, a que determina todas as demais, o importante é escolher fluir na mudança inevitável, para ir em direção ao destino que queremos alcançar. A forma como chegaremos aos nossos propósitos é a variável que faz toda a diferença. Essa é a jornada a que costumamos chamar de vida.

Pensamento estratégico

Não há previsão que abarque toda a realidade, mesmo que o ser humano tenha se empenhado de forma constante, ao longo de toda a história, em conhecer o futuro. Talvez essa tenha sido a proteção que a ignorância nos oferece. Não saber também é uma qualidade, é daí que nascem o desejo e a condição de aprender.

Contudo, é de se pensar, não há possibilidade de antecipar futuro? Nada pode ser pré-visto? Sem sombra de dúvida que sim, mas isso não é um jogo de adivinhação. Quem consegue antecipar futuro é aquele que exercita as qualidades da lógica e da intuição. Para a milenar cultura indiana há dois tipos de indivíduos que fazem previsões: os adivinhos, que usam uma sensibilidade espiritual para saber o que virá, e os visionários, que têm a intuição totalmente aberta, ou o chacra frontal, o terceiro olho, como é conhecido na Índia.

Esse visionário utiliza, exercita e potencializa as qualidades que o ser humano tem para antever. Todos nós já experimentamos a intuição e tivemos a habilidade de prever uma criança derrubando um copo, uma negociação que funciona, quem está chamando ao telefone ou ainda coisas mais complexas como um evento de grande impacto em nossas vidas.

> ▶ Para os indianos a intuição não é um dom, é uma capacidade que pode ser desenvolvida, diferente da adivinhação, que só alguns possuem. Contudo, o que representa esta habilidade de previsão? Do que é feita nossa intuição? Como podemos antever futuro para sermos capazes de criá-lo? Aqui começaremos nosso passeio pelas idéias precisas e bem orquestradas de Eugenio Mussak, que vai nos colocar em perfeita consonância com as possibilidades de antecipar e viver novas realidades.

REFLEXÕES SOBRE A RELAÇÃO DO HOMEM COM SEU FUTURO

Eugenio Mussak

Professor, escritor e palestrante

O ESTADO DO PARANÁ TEM um belíssimo símbolo que é praticamente desconhecido fora daquele estado: a gralha-azul. Trata-se de uma ave da família dos corvídeos, que encanta pela beleza de suas penas azuis, gradualmente mais escuras na cabeça e no peito. Para os paranaenses, esse belo animal-símbolo é tão importante que, diz a lenda, um caçador que tente acertá-la com um tiro verá sua espingarda negar fogo ou até explodir, pois a gralha-azul é protegida dos espíritos da floresta das araucárias.

Tal devoção deve-se a uma curiosa característica do pássaro: ele é o responsável pela disseminação da *Araucaria angustifolia*, o majestoso pinheiro paranaense, que já recobriu a quase totalidade do Paraná, e também de boa parte de toda a região Sul e de São Paulo.

O detalhe curioso fica por conta do método empregado pela gralha: ela enterra os pinhões e, destes, nascerão novos pinheiros. Trata-se, então de uma semeadora compulsiva e incansável, que dedica sua vida à proliferação da bela árvore. A explicação para tal comportamento é que a gralhinha tem duas características: preocupação com o futuro e má memória. Enterra os pinhões com a intenção de guardá-los e consumi-los mais tarde, mas esquece onde os guardou, possibilitando, assim, sua germinação.

A gralha-azul é um dos poucos exemplos que colhemos na natureza de animal que tem preocupação com o futuro. Bichos têm consciência do presente, do aqui-e-agora, das necessidades imediatas, mas, com raras exceções, como a do pássaro sulista, vivem em total despreocupação com o dia de amanhã. Não conhecem tempo, não têm noção de futuro e, do passado, guardam apenas as memórias que reforçam seus instintos. E é neste capítulo que encontramos um imenso diferencial humano: nós, sim, conhecemos o conceito de tempo. Sabemos que o presente em que nos encontramos tem conexões com um tempo que passou e com um tempo que virá.

Nunca saberemos quando o homem começou a ter tal noção de tempo, mas sabemos que somos a única espécie dotada de consciência temporal. A memória do passado e, principalmente, a imagem do futuro, são qualidades mentais sofisticadas demais para qualquer outra espécie que não a humana. Nosso córtex cerebral é a parte mais elaborada de nosso cérebro e, com tais características, é uma exclusividade humana. Uma das qualidades do córtex é a análise de um número muito maior de variáveis a cada processo de tomada de decisão, entre elas o tempo. Somos capazes, por exemplo, de adiar o prazer, e até aceitar algum sofrimento, desde que ele esteja a serviço de um futuro mais prazeroso. Esta é, sem dúvida, uma das vantagens competitivas que nos permitiram assumir uma posição de mando e controle no planeta, ainda que haja tanto descontrole.

Entretanto, mesmo entre nós, seres pensantes, conscientes de nossa posição neste mundo e neste tempo, há variações na maneira de fazermos conexões com o futuro. Pelo menos três categorias são bastante claras, e, entre elas, diferentes graus de profundidade podem ser identificados: o descaso, a previsão e a construção. Vamos a elas:

1   O descaso – Nesta categoria colocamos todos os que não se preocupam com o futuro, apesar de saberem que ele existe. Para estes, cabe a expressão latina *Carpe diem*, que quer dizer, literalmente, "Viva o pre-

sente". Trata-se de um sábio conselho para que você aproveite bem o dia de hoje e não adie sua felicidade. É uma recomendação que se faz à pessoa que será feliz, ou realizada, ou tranqüila, "quando" acontecer alguma coisa. Quando se formar, quando comprar sua casa, quando ganhar dinheiro, quando casar, quando... quando. Para esse tipo de pessoa, a felicidade é um projeto e não o que deve ser, um estilo de vida. Para uma pessoa assim, *Carpe diem* nela!

Mas, cuidado! O *Carpe diem* como recomendação para que se aproveite o presente é excelente, mas, como desculpa para ignorar o futuro, pode se transformar em perigosa armadilha. O que não dá para esquecer é que o futuro vai virar presente, e que este será melhor ou pior, conforme as providências que tomarmos hoje. Vivemos em uma linha do tempo, em que tudo está conectado: um ato de hoje terá repercussão amanhã.

Dizem os historiadores que a queda do Império Romano teve início no momento em que o *Carpe diem* deixou de ser apenas um conselho para os circunspectos e desavisados, e acabou por transformar-se em filosofia de vida, seguida pelo imperador e, claro, por seus súditos. A despreocupação com o futuro cobrou daquela gente um pesadíssimo pedágio.

2   A previsão – O futurólogo Michiu Kaku disse, meio brincando, meio a sério: "Previsão é uma coisa muito difícil, especialmente quando é sobre o futuro". Mesmo assim, é a isso que esse professor do City College de Nova York se dedica: a prever o futuro, atendendo a um dos mais antigos desejos humanos. A história está repleta de exemplos de tentativas de previsão, dos antigos gregos em seus oráculos a Santo Agostinho, com seu fabuloso *A história do futuro*, chegando até a atualidade, onde cérebros privilegiados dedicam seu tempo e sua energia a apreciar uma paisagem que ainda não existe.

Nos oráculos gregos era comum a presença das pitonisas, as sacerdotisas especializadas em prever o futuro das pessoas. Algo equivalente ao que as cartomantes fazem hoje. Para essas pessoas, prever tinha a ver com adivinhar, portanto, havia algo de misterioso, mágico, sobrenatural. Entretanto, a previsão do futuro não precisa habitar o reino da magia; pode viver na realidade, no reinado da lógica, vestindo as roupagens da ciência. Economistas, cientistas, políticos, sociólogos, líderes empresariais e outros tantos profissionais bem formados exercitam, em seu cotidiano, a arte e a ciência de prever, ainda que com a utilização da parcimônia própria das pessoas prudentes. Duas são as possibilidades:

a) Forecast – Palavra inglesa que significa "previsão". Muito utilizada por todos aqueles que não desejam ser surpreendidos por fatos que poderiam ter sido previstos. Preferida dos economistas e administradores, sonda o futuro com as ferramentas dos dados, informações, gráficos, índices. Podemos prever a inflação, o consumo de energia elétrica, a reserva de petróleo, a temperatura e a quantidade de chuva. Em todos esses casos, a previsão tem consistência, baseia-se em séries históricas anteriores, tendências concretas, análises científicas. Em todos os casos, considera-se também, claro, a margem de erro.

b) Foresight – outra palavra inglesa que também significa "previsão". A diferença é que, neste caso, a previsão não se vale de dados, e sim de sentimentos; algo que poderia também ser chamado de "intuição". Ao contrário do que pode parecer a princípio, não há nada de místico nessa abordagem do futuro. Nenhum parentesco com as pitonisas ou os adivinhos. A intuição, neste caso, deriva especialmente da experiência de vida de quem a tem. E também de sua integridade mental, da qual fazem parte a serenidade, a calma interior.

Pessoas experientes, que dominam sua área de atuação, devem ser respeitadas quando se referem a acontecimentos futuros. Em geral esses profissionais não são pegos de surpresa, pois têm a seu favor a consistência do *forecast* e a concordância do *foresight*. Imagine um empresário que diz: "O mercado continua consumindo este produto, e a tendência é que a demanda se amplie no próximo ano". Acaba de usar o *forecast*. Se ele continuar seu raciocínio, e disser algo como: "Mas, apesar de ainda termos estoque, acredito que devemos lançar já a segunda versão do produto", ele estará usando seu *foresight*, seu faro empresarial, a intuição atribuída a uma pessoa que é ouvida no que diz, porque é respeitada pelo que já disse.

3   A construção – Já se disse que a melhor maneira de prever o futuro é construí-lo. E, neste caso, estamos falando da capacidade excessivamente humana de sonhar e, claro, transformar o sonho em realidade. O homem é o único animal que tem noção de futuro, e é também o único ser capaz de exercitar a imaginação. A essa combinação maravilhosa damos o nome de sonho, que nada mais é do que a imagem de um futuro ideal.

Shakespeare disse que "Nós somos feitos da mesma matéria que compõe os nossos sonhos!". Com essa afirmação, ele confere um caráter de nobreza à qualidade humana de sonhar. Entretanto, se todos sonhamos, pois não se trata de uma prerrogativa e sim de uma qualidade, por que nem todos realizamos os nossos sonhos? É que os sonhos são como os deuses, só existem enquanto acreditamos neles, e é muito forte a tendência de as pessoas sonharem sonhos nos quais elas não crêem.

É aqui, neste átimo que separa a esperança do desespero, que reside a inteligência humana. O sonho precisa da inteligência para se realizar, senão ele vira frustração. Pensar estrategicamente é dedicar inteligência à realização de um ideal, e, para isso, é necessário começar transformando o sonho – algo etéreo – em um objetivo – algo mais denso –, e chegar ao plano de ação.

Quem não sonha e não tem objetivos claros tateia na escuridão da incerteza. Charles Dogson foi um matemático inglês especializado em lógica matemática que gostava de trilhar pelo tema que aproxima lógica de futuro. E, para falar sobre a lógica e a vida com as crianças, escrevia livros sob o pseudônimo de Lewis Caroll, sendo o mais conhecido *Alice no país das maravilhas*. Nele, há um diálogo em que Alice, perdida, pergunta ao gato de Cheshire qual caminho deve seguir. O gato questiona para onde ela deseja ir, e Alice responde que não tem certeza. Isso leva o felino falante a comentar: "Se você não sabe para onde quer ir, qualquer caminho serve".

Após dizer isso, o gato desaparece, mas deixa visível seu sorriso sarcástico, diante de uma Alice atônita. É a metáfora explicando a atitude do mundo diante dos que não sabem aonde desejam chegar – um riso sarcástico. Tema de reflexão para quem deseja pensar estrategicamente – ou a lógica do futuro ou o sarcasmo do gato de Cheshire.

SABER O QUE SE QUER

O mais importante dos diagnósticos da vida, *conforme apresenta Eugenio, é a definição de propósitos. Sem isso, não teremos a referência necessária para escolher que caminho trilhar, mesmo que saibamos o destino de todos os caminhos. A mais valiosa previsão é a destinação de si mesmo. Isso apresenta a necessidade de autopercepção, de um olhar que se alonga do antes para o depois. É preciso percorrer a linha histórica.*

Então, vamos agora navegar por cenários que contarão a história de nosso tempo, de nossos desafios presentes. Para fazer um bom diagnóstico da realidade e ser capaz de alterá-la, é preciso reconhecer o caminho percorrido. Assim, um olhar sobre a própria história e sobre o desenvolvimento dos sistemas ao nosso redor fará uma enorme diferença na forma de perceber os acontecimentos e lidar com eles.

Os desafios podem parecer ameaçadores, especialmente quando não temos clareza de quais são e nem informações de como lidar com eles. Contudo, quando a clareza e o conhecimento se unem, pode surgir um modelo de pensamento que gera futuro, construindo resultados, antecipando oportunidades.

▸ É este o passeio a que nos convida Carlos Alberto Júlio, um dos mais brilhantes e bem-sucedidos executivos brasileiros. Sua qualidade especial de "ler a realidade" será emprestada neste instante para iniciarmos nossos exercícios de perspectivas, desafios e suas conseqüentes oportunidades.

A ECONOMIA DO CEDRO

Carlos Alberto Júlio

Executivo, palestrante, professor e autor de livros de negócios

"**PARE O MUNDO, QUE EU QUERO DESCER.**" O profeta do rock brasileiro Raul Seixas antecipou, nos anos 1980, o que muitos de nós estamos sentindo agora, na primeira década do século XXI. Afligem-nos as ameaças do meio ambiente e o déficit social planetário, aflige-nos a atitude aparentemente indiferente do ser humano em relação a tais questões. Por tabela, sofremos com o posicionamento de todas as organizações de seres humanos – e, inegavelmente, as empresas lideram esse pelotão.

Tenho, porém, uma declaração para fazer: eu não quero descer. Tampouco desejo que o mundo pare. Primeiramente, digam o que disserem, aqui nunca foi um lugar tão bom para viver como é hoje. Basta estudar história para concordar comigo. Em segundo lugar, antevejo um mundo transformado – e muito melhor – em, no máximo, meio século.

Que razão encontro para minha fé do futuro? Matemática. Somo sinais perceptíveis em toda parte e confiro a operação com uma regra de três. O resultado confirma que está em gestação um novo tipo de economia capitalista, correspondente a uma nova cultura, a um novo estilo de vida. Aqui e acolá, as pessoas lhe darão nomes variados, tais como era da sustentabilidade, economia *wiki*, capitalismo distributivo ou supercapitalismo, mas devo dizer que esses termos cobrem suas características apenas parcialmente; peço licença para usar o termo com que a batizei – "Economia do Cedro" –, que acredito ser mais abrangente e preciso.

Inspira-se na árvore conhecida como cedro-do-líbano. Nos seus primeiros três anos de vida, essa espécie costuma frustrar quem a cultiva: alcança apenas de 4 a 5 centímetros de altura. Mas, debaixo da terra, suas raízes avançam até 1,3 metro de profundidade nesse período. Aos 4 anos, começa o crescimento aparente – bem devagar, no entanto: 20 centímetros anuais. Entre os 20 e os 40 anos, são produzidas as primeiras sementes. Aí vem a maturidade e o cedro pode atingir até 40 metros de altura e um diâmetro de 2,5 metros, ou mais, no tronco. Se a copa tiver desenvolvido vários patamares, será tão larga quanto é alta, o que a torna ainda mais bela e sólida. O cedro-do-líbano vive por séculos e séculos. E está presente em todo o mundo, embelezando parques, jardins e avenidas.

Além de passar uma mensagem com sua fisiologia, o cedro-do-líbano transmite os simbolismos que carrega. Na Antiguidade, foi usado pelos faraós do Egito como representação da vida eterna – a resina perfumada era utilizada na mumificação dos mortos. Foi escolhido pelo rei Salomão para sustentar suas construções – seu famoso templo e seus palácios se construíram com ele, e os fenícios o adotaram para dar solidez a suas embarcações, que conseguiam, já entre os séculos X e V a.C., cortar o mar Mediterrâneo e o oceano Atlântico. Mais recentemente, em 2005, simbolizou paz e união, quando o povo libanês se uniu para exigir a retirada do país dos militares sírios ali instalados desde a guerra civil (1975-1990). Esse movimento pacífico foi chamado de "Revolução dos Cedros". E a árvore continua sendo plantada. Recentemente, vi um amigo, descendente de libaneses, cuidando de sua muda de cedro em uma chácara perto de Gramado, no Rio Grande do Sul. Notei também o olhar contrariado do caseiro, que reclamava: "Essa árvore não cresce, doutor!".

Nos próximos anos, creio que o mundo, os seres humanos e, é claro, as empresas, vão encaminhar-se para escolher entre a posição do caseiro queixoso e a do plantador do cedro. Os que demorarem para escolher a segunda opção, arrisco-me a prever, vão se arrepender. O plantador vai operacionalizar a Economia do Cedro; ele saberá produzir no longo prazo, numa busca de paz e eternidade, e com respeito à natureza. Não há como escapar dessa opção, acredite.

CENÁRIOS

Júlio nos convida a tomar uma posição. *Em que lado da equação queremos estabelecer nossa realidade? Vamos plantar cedros ou reclamar de sua lentidão? Esse posicionamento tem potencial de enorme impacto sobre o desdobramento do futuro.*

De novo, e ao longo de todo o livro, faremos belas caminhadas, refletindo ao redor do tema central da mudança. O que nos cabe? Quem somos e que papel queremos exercer? Que parte nos toca na orquestração do todo?

Reconhecer é tomar posse do conhecimento, é torná-lo íntimo, pessoal, parte de si mesmo. Por isso, trilhar mais uma vez o caminho para entender os cenários que fizeram a composição de nossa trajetória é uma forma de nos tornarmos mais sábios, mais argutos e, conseqüentemente, mais preparados para novas decisões que vão, por si mesmas, desenhar novos e interessantes cenários.

▶ Uma reflexão do professor Gretz sobre os cenários internos pode nos recolocar na dimensão da realidade. Para que temer o futuro, se nós é que o inventamos a cada instante?

SERÁ QUE O FUTURO CHEGOU?

João Roberto Gretz

Professor, escritor e palestrante

PARECE QUE FOI ONTEM. Assistindo a seriados de *Flash Gordon* no cinema, imaginávamos o ano 2000 como um tempo distante, uma realidade completamente distinta daquela que vivíamos em meados do século XX. Viajaríamos em foguetes, nossas refeições seriam pílulas, robôs com braços e pernas fariam todo o trabalho. Como os *Jetsons*, faríamos piqueniques na Lua. A vida seria uma *Jornada nas estrelas*. Seria mesmo? No cenário rural da minha infância, ou mesmo na movimentada São Paulo dos meus tempos de universitário e trilhando os primeiros passos da trajetória profissional, era difícil imaginar uma realidade como aquela que os filmes de ficção científica mostravam.

Aquele futuro que se idealizava para a virada do milênio era longínquo. Enquanto alguns vislumbravam transformações e inovações fantásticas, outros profetizavam o fim do mundo. Eu me irritava quando alguém, ao falar do futuro, disparava aquela frase fatídica: "De mil passarás, a dois mil não chegarás!". Essa frase não existe na Bíblia, mas era citada solenemente como se fosse uma profecia inevitável.

Esse misticismo foi se tornando mais forte à medida que se aproximava o ano 2000. Interpretações do Apocalipse ficaram em voga, misturadas com várias lendas urbanas, que se adaptavam às novas tecnologias. A última dessas lendas foi o "*bug* do milênio", lembram-se? Iria ocorrer uma pane geral nos computadores, que não estavam programados para a data de 1º de janeiro de 2000, e os serviços informatizados entrariam em colapso no mundo todo. Esse apagão global não aconteceu, frustrando os profetas do caos.

De repente, já estávamos no século XXI. Terceiro milênio. Olhei em volta e não vi aquele cenário dos *Jetsons*, cheio de foguetes e robôs, mas sim a bela paisagem da minha varanda no Costão do Santinho. No mais, um novo livro para escrever, a agenda de palestras para o final das férias, as contas a serem pagas, e tudo continuava maravilhosamente igual.

Em 1984, quando deixei de ser assalariado, registrei minha primeira empresa com o nome de RH 2000. Eu acreditava que o ano 2000 era um tempo tão distante que, quando chegasse, a vida estaria muito diferente – e eu poderia parar de trabalhar. Felizmente isso não aconteceu. Tenho trabalhado como nunca, e com entusiasmo cada vez maior.

Muitos anos antes, nos meus tempos de jovem agricultor, eu havia aprendido com meus pais que o futuro existe hoje, na forma de uma semente. Como ele vai ser, como vai vigorar, depende do modo como cultivamos hoje essa pequena semente. Se nada fizermos com ela, aquele futuro já era: fica preso no passado. Por isso, entendi depois, existem os tempos verbais "futuro do pretérito" (aquilo que seria, se tivesse sido) e "futuro do presente" (aquilo que será, porque é).

A SEMENTE DO FUTURO

O professor Gretz convida a olhar para a história do olhar. Como víamos a realidade, o que sonhávamos, o que temíamos e o que, de fato, se realizou. Algumas coisas estão piores e outras melhores do que nossa projeção de futuro, mas nada está exatamente como prevíamos. Não somos capazes de prever. Paciência, ou talvez seja uma sorte, porque se o futuro fosse na medida de nossas previsões muito de nosso conforto no mundo moderno jamais existiria. O que criou tudo isso foi a imaginação humana, que, rompendo as barreiras das impossibilidades, foi além do razoável e gerou novas respostas para perguntas que nunca foram feitas. Mudar de mundo é mudar de olhar.

No relato do professor Gretz podemos mergulhar na dimensão dos limites de nossa visão antiga, daquele eu que fomos e que jamais poderia sonhar com as mudanças que vieram, e não temos a dimensão das mudanças que virão. O que pode nos tranqüilizar é que tudo mudou, mas tudo continua o mesmo, como mostra Gretz. Tivemos medos e inseguranças, havia datas que pareciam distantes, projetamos mudanças incríveis, mas na essência a vida segue sendo a oportunidade diária de aprender, mudar e fazer, que pode levar a um estado de maior realização ou não, dependendo de como aproveitamos essas oportunidades.

Vivemos coisas que foram além de nosso olhar. Fomos nos adaptando a cada grande transformação, aprendendo novas habilidades, vencendo cada desafio à medida que aparecia e chegamos ao momento presente, que é a semente que frutificará cada futuro novo. Nada está restrito, nem determinado por nosso conhecimento prévio. Demos conta do novo e daremos conta do ainda mais novo. Não há o que temer.

O que precisamos, com mais efetividade, é de compreender, que é a cura poderosa para qualquer temor. Compreensão é fruto do conhecimento e da reflexão que fazemos sobre este conhecimento. Entender os sinais, reconhecer que as trilhas do futuro têm orientações definidas e bem posicionadas a partir dos passos do passado.

▸ Aprofundando o assunto, Carlos Alberto Júlio expõe uma preciosa reflexão, apresentando os sinais de uma evidente e inevitável mutação da realidade. Vamos acompanhar esta venturosa leitura dos signos que estão apontando os caminhos e nos antecipar, que é a condição mais estratégica para a criação do amanhã.

OS SINAIS ESTÃO EM TODA PARTE

Carlos Alberto Júlio

SINAL Nº 1: a ameaça ao meio ambiente e a resposta das empresas

TRÊS SINAIS estão sendo enviados pela natureza, embora apenas um deles se encontre sob os holofotes da mídia. O primeiro diz respeito ao aquecimento global, por meio dos gases de efeito estufa, que leva a previsões catastróficas, como a de que o oceano Ártico perderá sua capa de gelo reduzindo o efeito albedo (uma espécie de proteção contra a radiação solar); a de furacões, tufões, tempestades e inundações cada vez mais freqüentes e fortes; e a de que o gelo submerso da Antártida flutuará e se partirá, elevando, conforme a rapidez do evento, o nível do mar em até 3 metros, segundo projeções, e tornando muitas ilhas e regiões costeiras – e provavelmente as casas de praia – inabitáveis.

O segundo sinal está relacionado com os buracos na camada de ozônio que protege a Terra, assunto que já ocupou as primeiras páginas dos jornais no passado mas hoje anda em segundo plano. Garanto que os chilenos, os argentinos e os paraguaios que vivem no sul de seus países pensam muito nisso, porque o fenômeno está lá e apresenta um risco real de "epidemia" de câncer de pele. Mas os brasileiros e mexicanos que produzem 50 por cento de todos os gases CFC (clorofluorcarbonos, destruidores da camada de ozônio) da América Latina e 3 por cento do mundo ainda parecem passar ao largo do problema, talvez por o terem exportado para os vizinhos.

A emissão do terceiro sinal é de ordem econômica. Ao longo dos séculos, a natureza tem sido um dos maiores impulsionadores do crescimento da economia, senão o maior, através dos séculos. No entanto, percebemos que tomar emprestado da natureza explorando recursos não-renováveis é praticamente um roubo, uma vez que não existe possibilidade de pagar de volta, como escreveu Robert Ayres, físico inglês e professor do Insead, na França. O fato é que estamos ficando sem recursos de alta qualidade para explorar no que diz respeito a solo, água doce, peixes, florestas virgens, petróleo, gás, capacidade de assimilação de lixo tóxico etc., o que afetará diretamente nossa capacidade de crescimento.

Eis nossa agenda ambiental. Ela nos assusta, mas, por isso mesmo, nos põe em ação. Como lembrou Roberto Rodrigues, professor da Fundação Getúlio Vargas do Rio de Janeiro: "A agenda ambiental é muito mais do que meio ambiente; é uma soma de todos os problemas de produção e consumo". A sociedade – e as empresas, como partes ativas do processo – já entendeu isso e está sendo tão ou mais rápida que os governos em sua reorganização para lidar com esse gigantesco desafio. Basta ver o número de empresas que têm neutralizado a emissão de gases de efeito estufa antes que isso vire lei. Ainda é pouco, claro, até porque há polêmica quanto à correção dos cálculos de neutralização e porque a necessidade real é de, mais que neutralizar, reduzir a emissão desses gases. Mas, como sinal de mudança, trata-se de algo muito forte.

Seja por pressão dos clientes, dos investidores institucionais ou da mídia, seja para se antecipar a restrições legais, o fato é que o empresariado capitalista já incorporou pelo menos parte da agenda ambiental, e o fez tão profundamente que um de seus ícones, o professor Michael Porter, rigoroso especialista em estratégia de Harvard, incluiu a responsabilidade socioambiental como componente obrigatório de qualquer estratégia empresarial. E na prática? Lee Scott, presidente do gigante do varejo mundial Wal-Mart, anunciou no final de 2005 três impressionantes metas ambientais para serem alcançadas até 2015: "Cem por cento de energia renovável, produção de lixo zero e só vender produtos que sejam sustentáveis".

SINAL Nº 2: democratização do nível de sofrimento e a resposta das pessoas

A PIOR DOR, em qualquer crise mundial, é a sentida pelos que se localizam na camada inferior da pirâmide socioeconômica. Foi o que sempre se pensou, mas, de uns tempos para cá, podemos começar a questionar essa máxima. Pesquisas mostram que as classes média e alta também dão sinais nítidos de esgotamento. Basta ler *Executivos – Sucesso e infelicidade*, livro dos pesquisadores Betania Tanure, Antonio Carvalho Neto e Juliana Oliveira Braga, para descobrir que 84 por cento dos executivos das empresas brasileiras se sentem infelizes. Ou dar uma olhada no estudo com presidentes de empresas da consultora Mariá Giuliese e do professor Léo Bruno, da Fundação Dom Cabral, publicado na revista *HSM Management*, onde se evidencia sua insatisfação com o alto preço que o sucesso cobra: "O sedentarismo apareceu no topo da lista dos efeitos mais nefastos de sua ascensão profissional (70 por cento dos entrevistados o admitiram), seguido do adiamento dos projetos particulares (58 por cento). Dificuldades de relacionamento familiar e comprometimento da saúde derivado de distúrbios do sono e instabilidade emocional surgiram de modo expressivo".

A resposta, porém, também já começa a se esboçar. Ela é observada, por exemplo, no surgimento de algo como o *slow movement*, o movimento contra o "culto à velocidade" atual. Não se trata de um tipo de elogio da preguiça, como o publicado por Corinne Maier em *Bonjour paresse*, mas da sugestão de que, você faça o que fizer, é melhor – e mais eficaz – fazê-lo devagar. É uma valiosa sugestão para recuperar o equilíbrio das velocidades que perdemos sob a égide do lema "tempo é dinheiro", cunhado por Benjamin Franklin. Devemos enxergá-lo como uma volta à sabedoria de Napoleão Bonaparte –"Veste-me devagar, que estou com pressa"– ou à do imperador romano Augusto – "*Festina lenti*", que significa "Apressa-te devagar", em latim. Fazer as coisas devagar pode ser visto como sinônimo de fazer bem-feito, por uma questão lógica: quando as pessoas têm tempo de fazer as coisas com capricho, sentem mais prazer no que fazem e isso as deixa mais motivadas e produtivas.

Se voltarmos mais ainda no tempo, até por volta do ano 450 a.C., podemos aprofundar ainda mais essa sabedoria, nas palavras do filósofo Zenão: "Ocupa-te menos e serás feliz". É uma espécie de antítese de bom senso ao dito popular "Mente vazia, casa do diabo". Ao levar ao pé da letra a sabedoria popular, em detrimento da do filósofo, a sociedade parece ter esquecido duas questões importantes: uns passarão a ter a mente cheia demais, que também é moradia demoníaca, e a existência destes fará que seja ainda maior o número dos que ficarão com a mente totalmente desocupada. Sem mencionar o fato de que estamos praticando uma estúpida inversão de valores: o ser humano sempre gastou tempo para ter dinheiro e agora começa a gastar dinheiro para ganhar tempo. Pense bem: é algo que faz sentido?

SINAL Nº 3: a insatisfação com a autoridade e a resposta da sociedade

PESQUISAS EM TODO O MUNDO revelam percentuais cada vez mais elevados de insatisfação da população com as instituições e autoridades tradicionais de maneira geral; é um processo que o psiquiatra e psicanalista Jurandir Freire Costa denominou de "crise civilizatória". Com essa crise, contudo, quais passaram a ser as fontes de autoridade? Num primeiro momento, as piores possíveis: a identidade de consumo (o consumismo), as identidades corporais (a preocupação excessiva com o corpo) e as identidades marginais (a violência). Ocorre que nenhuma delas se mostra suficientemente sólida como fonte de autoridade; todas se diluem facilmente, como acontece com o corpo humano. É necessária uma solução cultural para o problema, como alertou Jurandir Freire Costa.

E essa solução, veja você, já está se desenhando, principalmente com o novo associativismo das ONGs (organizações não-governamentais) e com o patriotismo ecológico, mas também com a revalorização da espiritualidade e com o exercício da arte, que hoje pode ser produzida e consumida por toda a sociedade, como vemos na internet. Freire

Costa observou que precisamos construir uma sociedade que volte a se preocupar em vencer a morte e, a meu ver, a crescente preocupação com a transcendência em detrimento do imediatismo é um começo disso.

SINAL Nº 4: rejeição à intolerância e às ondas de bons modos e bons modismos

NÃO TENHO ESTATÍSTICAS PARA COMPROVAR que há uma rejeição crescente à intolerância e à impaciência. Poderia dizer, ingenuamente, que o fato de a maioria da população mundial não aprovar nem George W. Bush nem Osama Bin Laden é evidência disso. Mas seria uma simplificação. Portanto, escolho outro exemplo.

Convido o leitor a ir aos estacionamentos de alguns hipermercados Carrefour da cidade de São Paulo. O número de vagas para idosos chega a ser irritante para quem ainda não está no ponto de usá-las. A meu ver, essa preocupação com os maiores de 60 anos num país ainda de maioria jovem faz parte do mesmo fenômeno que busca a inclusão social das classes mais baixas por meio do consumo – a estratégia da base da pirâmide, que se tornou famosa com o professor C. K. Prahalad – e do mesmo movimento da economia *wiki*, em que os consumidores se tornam co-produtores e parceiros das empresas e em que as redes sociais compartilham informações livremente.

Todos esses são sinais evidentes de uma sociedade que se une contra a intolerância e a impaciência e que, melhor ainda, protege esses bons modos e bons modismos conferindo-lhes um sentido econômico. É verdade que tudo teve início com um movimento hoje considerado ultrapassado e que continua incomodando muita gente: a "patrulha do politicamente correto". Sei o que digo, pois às vezes sou alvo dela em minhas palestras. Certa vez, chamaram-me a atenção no meio da apresentação para eu trocar o termo "cego" por "deficiente visual". O resultado é que agora sempre fico me vigiando sobre o modo de falar, o que é uma forma de censura. Entendo, por outro lado, que esse radicalismo constitui apenas uma etapa que precede a situação de equilíbrio aonde se deve chegar.

SINAL Nº 5: a premência da inovação

JOSEPH SCHUMPETER, ECONOMISTA DE HARVARD, afirmou que a inovação – o processo que traduz uma nova idéia em produtos ou processos comercializáveis pela primeira vez – é o maior motor do desenvolvimento capitalista e a principal fonte de lucro empresarial. Ele o disse em 1939, mas a "ficha" parece estar caindo realmente agora entre as companhias. Não é coincidência que isso aconteça no momento em que outras fontes de crescimento ganham limitações, como os recursos naturais, o nível de poupança mundial e a tradicional divisão do trabalho para geração da mais-valia.

O caminho da inovação, em todos os campos possíveis, já está claro: ele nasce da integração entre a tecnologia da informação e a biologia. Em outras palavras, vão programar células vivas que programam um computador – e para produzir qualquer coisa que você imagine. Transistores poderão ser fabricados dentro de células vivas – já o são, na realidade –, plásticos "darão" em pés de milho – isso também já acontece. Ou seja, num futuro nada distante, a produção que hoje exige uma planta industrial gigantesca talvez ocorra na garagem de sua casa, com impacto ambiental bem menor e de modo mais acessível a todos. Foi o que garantiu o cientista Juan Enríquez, fundador do projeto Ciências da Vida, da Harvard Business School, e eu acreditei nele.

SINAL Nº 6: a urgência de imitar a natureza

PARA MELHORAR PRODUTOS ADESIVOS TÓXICOS E FRÁGEIS, que podem ser utilizados, por exemplo, na indústria de carpetes, uma empresa norte-americana foi buscar respostas nas lagartixas. Como elas conseguem "colar" tão bem nas paredes? A empresa encontrou a resposta. Esse é um singelo caso de biomimética, definido como a imitação da natureza ou "a imitação consciente da genialidade da vida", por uma de suas pioneiras, Janine Benyus.

Pela primeira vez na história, as empresas e o sistema de produção em geral tentam realmente copiar a natureza, mimetizando-a primeiro no projeto, depois no processo de fabricação e por fim no ecossistema dentro do qual as empresas operam, criando cadeias alimentares em que o lixo de uma empresa seja a matéria-prima de outra. E quem pensa em recursos sofisticadíssimos e inacessíveis para isso está redondamente enganado. Isso já é feito até por uma empresa pequena no interior do Rio Grande do Sul. A Oleoplan, de Veranópolis, coleta óleo de cozinha saturado, usado em frituras por cozinhas industriais, lanchonetes e restaurantes, e o transforma em biodiesel. O lixo de um se torna matéria-prima de outro. Não é espetacularmente óbvio que isso precisava ser feito? E o mais importante é que já existe muita gente trabalhando para isso.

SINAL Nº 7: a onda da integração dos emergentes

A TRANSFERÊNCIA DO PODER ECONÔMICO dos Estados Unidos e da Europa ocidental para uma série de países emergentes vem acontecendo em um ritmo sem precedentes, escreveu o consultor Claudio Fernández-Aráoz, sócio da Egon Zehnder International, na revista da Sloan School. Uma previsão recente do banco Goldman Sachs deu conta de que, em vinte anos mais ou menos, o produto interno bruto da China poderá chegar a ser maior do que o dos Estados Unidos. Juntos, Brasil, Rússia, Índia e China – os países da sigla BRIC, que devem estar entre as seis maiores economias mundiais por volta de 2050 – já acumularam mais de US$ 2 trilhões em reservas de moeda estrangeira; empresas locais desses emergentes – como as nossas Gerdau, Votorantim, Vale, Petrobrás e AmBev – vêm comprando ativos industriais no mundo inteiro e sua competitividade não depende mais só de mão-de-obra barata; já se conecta aos produtos sofisticados, de ponta, incluindo aqueles com uso intensivo de conhecimentos como a biotecnologia e as ciências da informação.

Essa importância que as economias *start-up* passaram a ter, nos últimos anos, como destino dos investimentos, não é gratuita e se enche de significados se somada à crise econômica que abateu os Estados Unidos em 2008. Explica-se por uma necessidade planetária de sobrevivência no longo prazo; nos países em desenvolvimento é que está a natureza mais intacta, os reservatórios de água e energia, o maior potencial de produção agrícola, a biodiversidade que viabilizará inovação e a biomimética de que acabamos de falar etc.

Essa tendência de integração dos emergentes é, para mim, o último e definitivo sinal de que os ventos da mudança em direção à Economia do Cedro já sopram fortemente.

VENTANIA PELA FRENTE?

Júlio não deixa nada ao acaso; estabelece, de forma contundente, os indicativos do futuro. Assim, poderemos seguir na direção contrária, mas não por falta de informação. Contudo, a informação não será suficiente; teremos que avançar em direção à compreensão, que é o produto da reflexão que faremos sobre o que estamos lendo.

Ele alerta sobre a direção para onde sopram os ventos da mudança, que podem ser brisa suave ou ventania feroz, dependendo da forma como vamos lidar, processar, absorver e transformar realidades.

O eterno e invariável transcorrer do tempo, do mundo e da vida mostra que, por mais que resistamos, a mudança é inexorável. Entretanto, num mundo em permanente transformação, há um fio condutor, algo perene que vai costurando os pontos de uma mesma história, tornando-a uma só. Da leitura dos sinais para a escrita do futuro há um elemento de ligação, a capacidade de reflexão, de escolhas, de tornar-se a mudança.

O ganho estratégico dessa transformação já foi percebido em nossas próprias vidas, quando escolhemos mudar, e isso fez todo o sentido e nos trouxe a serenidade que a decisão costuma carregar em seu ventre.

▶ Marco Aurélio Vianna nos convida a refletir sobre essa condição para navegar com mais serenidade rumo ao futuro que estamos a cada instante semeando. É uma realidade de ciclos e mutações em harmoniosa e perene ocorrência. O mais extraordinário feito que podemos realizar é nos deixar embalar pelo balanço pendular do mundo, ouvindo atentamente os sinais que mostram quando esse ritmo e sua direção mudarão.

Vamos seguir com a escuta aberta e ouvir as reflexões daqueles que dedicam muito tempo e extraordinário talento para conhecer mais de si mesmos e da realidade em que estamos todos mergulhados.

FUNDAMENTOS PERMANENTES

Marco Aurélio Ferreira Vianna

Consultor de organizações, palestrante e escritor

VIVEMOS EFETIVAMENTE EM UM MUNDO EM TRANSFORMAÇÃO? A mudança de hoje é diferente das mudanças que ocorrem desde que o mundo existe? As características da velocidade e da volatilidade também são de teor diferenciado? Nossos ancestrais já passaram por momentos como este? Enfim, estamos vivendo uma mudança una, maior, mais complexa, ou simplesmente vivemos mais um período de transformação deste pálido planeta azul, como ensinava Carl Sagan?

Não há dúvida de que este início de século XXI representa um mundo em grande transformação. O conteúdo deste livro prova de maneira irrefutável a profundidade desses novos momentos, que têm impacto em todas as dimensões da vida. Afinal, a massa de conhecimento e tecnologia do universo e da humanidade dobra a cada ano. A Lei de Moore já ensina esse fato há algum tempo. Isso significa que em apenas um ano podemos, no âmbito pessoal ou empresarial, gerar um coeficiente de desatualização de 50 por cento – em apenas um ano! E o que é pior: de 75 por cento em dois anos e 83 por cento em três anos. O projeto Genoma avança de forma muito mais rápida do que se imagina; o Brasil já está próximo dos cem milhões de aparelhos celulares. Indianos, em Bangladesh, fazem o Imposto de Renda dos americanos que vivem nos

EUA. A secretária na China multiplica a velocidade do trabalho de seu chefe, enquanto ele dorme em Nova York. Um *drive thru* do McDonald's atende seus clientes através de uma central telefônica situada a mais de 1.000 quilômetros de distância. Os exemplos de inovação e revolução tomariam todo este livro na extensão de sua capilaridade.

No entanto, essa frenética corrida deve ser avaliada com cuidado especial. Na realidade, diferente de outros grandes movimentos de transformação – Grandes Navegações, Imprensa, Renascimento, Iluminismo, Revolução Industrial e outros –, o que se vive e viverá durante muito tempo é extremamente mais rápido do que qualquer outra revolução. Tal fenômeno cria metaforicamente um "frágil borbulhar na superfície da água", gera uma restrição de consciência nas pessoas, que acabam permanecendo somente no supérfluo, esquecendo a essência, a profundidade. O produzir mais e melhor por menos, a competitividade a qualquer preço e custo, a visão focada no curto prazo, o ser humano como rubrica descartável de custo e muito outros tópicos acabam gerando um estado de inconsistência, que Zygmunt Bauman denominou brilhantemente de Modernidade Líquida. Vive-se a era do efêmero, da instantaneidade.

Nesse caminho, os fundamentos são esquecidos e as referências passam a ser colocadas apenas na visão de resultados de curto prazo. Max Gehringer, o brilhante pensador sobre administração, em estudo realizado, concluiu que em apenas nove anos cerca de setenta empresas, mais de 80 por cento da amostra no Brasil, trocaram seu presidente. Ótimo para o curto prazo, péssimo para a longevidade e a consistência das empresas. James Collins, ao estudar empresas dotadas de alto CLS – Crescimento Lucrativo Sustentado, ou seja, "muito lucro durante muito tempo" –, concluiu que 95 por cento do tempo pesquisado nessas empresas "feitas para durar" correspondia a períodos cujo presidente pertencia tradicionalmente aos quadros da empresa. Mais uma vez, cultura e valores essenciais concretizam-se como fatores críticos de sucesso no longo prazo.

Por isso, ao pensar no diferente, na invenção, na evolução e na revolução do ambiente estratégico, é necessário não abandonar, em hipótese alguma, a consistência de um pensamento consolidado. Tom Morris, que estuda a filosofia aplicada aos negócios, analisou de forma profunda grandes personalidades desde o século VI a.C. e chegou a um perfil comum a líderes através dos caminhos da humanidade.

Victor Frankl, psiquiatra tcheco, judeu que sobreviveu ao terror nazista em um campo de concentração, analisou com critérios científicos outros sobreviventes e também concluiu pela existência de traços comuns entre esses heróis. As idéias e conclusões desses dois pensadores são inteiramente aplicáveis à realidade atual do mundo corporativo.

Na verdade, resiliência, sentido de missão, vontade de mudar, obsessão por aprender, prioridade à inovação, estado de arte da tecnologia são vetores permanentes na construção de um grande líder. É claro, os tempos são diferentes. Há muito tempo partia-se para um novo mundo, há menos tempo saía-se do campo para a indústria, há pouco tempo inventava-se a máquina que voa e agora partimos para os *terabytes* (ou quem sabe já *petabites* ou *yottabites*). A vontade da inovação é permanente. Parodiando Heráclito poder-se-ia dizer: "A única coisa que não muda nos líderes é a vontade de mudar e inovar".

AQUILO QUE PREVALECE

Transformações, inovações, *mudanças constantes, para tudo permanecer o mesmo, só que diferente. Parece confuso, não? Vianna mostra que a única confusão é aquela que produzimos ao abandonar o mais perene fundamento, os valores e os princípios. Ao navegar pelos mares da mudança em um robusto navio de desejos e sucesso a qualquer custo, podemos naufragar frente às primeiras intempéries. Contudo, um leve e flexível barco, bem talhado em princípios e valores, vai cruzar os maiores oceanos da transformação em perfeita serenidade e segurança.*

Nada há que não mude, tudo é mudança. Porém, para não nos perdermos de nós mesmos, temos que ser capazes de confiar nos códigos perenes da humanidade e sermos fiéis a eles. Saber disso não significa que será fácil fazê-lo, mas é preciso que sejamos instados ao menos a tentar, sob o risco de naufragar em meio ao tempestuoso mundo das mudanças. Tudo tem um determinado fluxo e constância, o que gera estresse, ansiedade e angústia por não percebermos o fluxo e andarmos numa velocidade diferente da constante da vida.

Por vezes, temos a sensação de que corremos o dia todo e não produzimos nada efetivo. Isso ocorre porque estamos confundindo movimento com ação. A correria entre mil compromissos não gera maior valor para compor os resultados de vida que almejamos. Por vezes, o melhor que podemos fazer é parar, tomar um fôlego profundo e admirar a paisagem... e daí vem o insight, *a resposta iluminadora para as questões que estão pressionando o cotidiano.*

É o insight *que vai gerar a inovação transformadora, não o sobre-esforço. Aprendemos dentro de um paradigma de grandes esforços em que ter tempo livre parece uma heresia contra o sucesso. Contudo, as melhores idéias e as mais criativas propostas para nossa vida não acontecem enquanto nos equilibramos entre três ou quatro tarefas urgentes e nos preocupamos com a casa, o supermercado, os filhos...*

▶ Nossas melhores idéias surgem da pausa, do banho no chuveiro, da observação de pássaros, da ociosidade criativa, como mostrou Domenico De Masi. É tempo também de aprender a relaxar, de se deixar levar, de fluir com a vida. Uma reflexão importante sobre essa questão é feita por Leila Navarro, que ajuda a perceber onde está a essência do movimento de equilíbrio sobre as ondas constantes da mudança.

FLUINDO NUM MUNDO EM TRANSFORMAÇÃO

Leila Navarro

Escritora, palestrante motivacional e comportamental

HOUVE UM TEMPO EM QUE AS PESSOAS contavam os dias para sair de férias, ansiosas para aproveitar o período de descanso e desligamento do mundo do trabalho. Depois da invenção do telefone celular, muitas abriram mão do desligamento, já que alguém do escritório poderia precisar de uma informação importante... E ultimamente há quem tenha decidido abrir mão do descanso também. Uma pesquisa realizada em 2006 pela International Stress Management Association (ISMA) com profissionais brasileiros em cargos de liderança mostra que 38 por cento deles não querem nem saber de tirar férias. Os motivos: receio de que decisões importantes sejam tomadas em sua ausência; medo de estar fora durante uma reestruturação de cargos; medo de ser demitido.

Infelizmente, as preocupações dos profissionais ouvidos pela pesquisa não surpreendem: chegam a ser comuns ante a realidade deste nosso mundo em transformação. É um mundo que produz novidades e um volume absurdo de informação todos os dias. No ambiente dos negócios, cada vez mais, as decisões têm de ser rápidas; os projetos, de curto prazo; os resultados, imediatos. Nesse cenário, os profissionais se sentem como parte de uma grande engrenagem que gira a toda a velocidade. Seu temor é que, se eles se desligarem desse mecanismo, terão problemas para encaixar-se novamente. Sendo assim, pensam, melhor adiar as férias...

Além do estresse de não acompanhar o ritmo dos acontecimentos, a rapidez com que as mudanças ocorrem hoje produz sentimentos de ansiedade, insegurança e incerteza quanto ao futuro. O que é hoje pode não ser mais amanhã – e ninguém sabe ao certo o que será. Amanhã, a empresa em que trabalhamos pode ser incorporada por outra e passar por uma profunda reestruturação de cargos, colocando em risco o emprego. Amanhã, o produto que vendemos pode ficar obsoleto perante o lançamento revolucionário de um concorrente. Amanhã, uma empresa transnacional pode resolver atuar no nicho de nosso negócio e competir com preços arrasadores.

Realmente, amanhã tudo pode acontecer... Mas, ao nos deixarmos dominar por essa idéia, sofremos por antecipação – e o que é pior, por algo que só existe na imaginação. O escritor americano Eckart Tolle, autor do livro *O poder do agora*, diz que essa situação produz um "medo psicológico" que se manifesta como ansiedade e preocupação para a maioria das pessoas, podendo até gerar pânico e fobia em alguns casos. "O medo psicológico é sempre de alguma coisa que poderá acontecer, e não de algo que está acontecendo no momento. Você está no aqui e agora, enquanto sua mente está no futuro, e essa situação cria um espaço de angústia."

Some-se então o medo de ficar de fora do que está acontecendo com o medo do que pode acontecer, e o que vemos são cada vez mais profissionais que vivem em permanente estado de agitação. Um significativo sinal dessa realidade aparece em outra pesquisa da ISMA, esta divulgada em julho de 2007, que revela que 70 por cento dos trabalhadores brasileiros sofrem de estresse ocupacional. A pesquisa refere-se apenas a trabalhadores inseridos na economia formal, ou seja, empregados com carteira assinada, mas pode-se imaginar que a situação dos trabalhadores informais, autônomos e empresários não é muito diferente. O intenso ritmo dos negócios afeta a todos os que atuam no mercado.

De modo geral, observamos que o profissional moderno é movido pela urgência de fazer as coisas, tem quase obsessão por estar bem-informado, obriga-se a assumir cada vez mais tarefas e responsabilidades, preocupa-se em ser crescentemente competitivo e não se permite parar. Faz grandes esforços para acompanhar o dinamismo do mundo em transformação, mas no íntimo receia que isso não baste para assegurar a realização de seus objetivos profissionais, nem mesmo sua sobrevivência no mercado.

Difícil é encontrar quem consiga fluir nesse mundo. Se a realidade mais parece um mar agitado, com ondas de tendências e mudanças que surgem a todo instante, fluir seria como surfar equilibradamente, sem sobressaltos, sem cair da prancha, sem nos afogar. Quando fluímos, escolhemos as ondas que têm a ver conosco. Quando fluímos, encaramos as ondas como oportunidades, não como ameaças. Quando fluímos, seguimos na direção dos nossos objetivos, mesmo por caminhos diferentes dos que imaginávamos. A questão é: como fluir?

APRENDENDO A ARTE DO EQUILÍBRIO

Se você não está preocupado é porque está mal-informado, nos lembra o adágio. Realmente, vivemos em um estado de estresse inédito na história humana. Mesmo nossos ancestrais das cavernas tinham um moderado estresse, que era acionado apenas frente ao perigo, em situações de caça ou fuga. Parece que estamos à caça da oportunidade e tentando fugir dos problemas o tempo todo. Problemas cardíacos já são endêmicos, e todo mundo conhece alguém que tem ou teve síndrome do pânico, a depressão já é a maior epidemia do século XXI e enxaquecas estão em primeiro lugar na lista de reclamações de saúde das populações das grandes cidades.

É um cenário sombrio se pensarmos somente em termos de estresse, violência urbana, isolamento social, insegurança pessoal e profissional, entre outros índices negativos. Contudo, a contundência dessa reflexão é para nos convidar a uma nova escolha, ou, como pergunta Leila: Como fluir? Como ganhar equilíbrio para se manter em pé no meio do terremoto?

Ao longo do dia esquecemos o motivo pelo qual estamos fazendo o que fazemos, se é que tínhamos clareza de propósitos. A correria diária nos tira, por vezes, o discernimento. Mas perdemos algo ainda mais essencial: a gentileza. E o tempo que dispensamos ao outro é a maior gentileza que podemos oferecer ao mundo. Não temos tempo a perder, não podemos "ficar de papo", não temos tempo para ouvir, nem brincar, nem relaxar... Então, para que usamos o tempo?

Se a vida não estiver divertida, que valor terá? A pressa é contrária ao divertimento, e na pressa o tempo escorre pelas mãos, deixando a sensação de que não vai dar tempo de fazer tudo. Já no divertimento, o tempo também voa, mas com um senso de saborear cada instante, uma sensação agradável de que a vida é boa e vale a pena. Que sentido maior poderemos encontrar além deste?

Tem gente que faz de qualquer marola um maremoto e tem gente que atravessa o mundo atrás das grandes ondas. Quem vê problema em tudo foge deles e sofre com o processo. Quem experimenta a vida como um divertido desafio viaja para seguir seus sonhos, flui na existência, surfa a onda do momento.

É claro que não fazemos algo que nos estressa ou preocupa porque queremos, mas porque assim aprendemos. Formamos padrões mentais da infância e passamos a enxergar a vida com as lentes recebidas nesse processo. Acreditamos que aquela forma é verdadeira e é a única forma de levar a vida. Talvez, mas se alguém está fazendo diferente, então o que pensamos não é a verdade, mas um paradigma, um padrão para enxergar a realidade. E isso pode e deve ser mudado.

Aliás, a essência da mudança está em sermos capazes de alterar os padrões, os modelos de mundo, porque, do contrário, estaremos apenas fazendo mudanças superficiais, sem consistência para se sustentar ao longo dos ciclos da vida. Se você já tentou mudar um hábito e desistiu, sabe exatamente do que estou falando. Sem uma mudança do modelo mental, qualquer ação é uma imposição que não se instala na rotina.

Fluir pode parecer algo muito simplório para o mundo de complexidade em que estamos inseridos; porém, ao examinar o processo da gestão da realidade, poderemos perceber que fluidez é a essência de toda inter-relação bem-sucedida. O trânsito que flui em harmonia, o rio que flui através de todos os desafios e segue em direção ao mar, as crianças que fluem em deliciosas brincadeiras, a paixão que flui sem que sejamos capazes de detê-la. Tudo o que flui é. Simples assim, porém a simplicidade não é simploriedade, é um estágio além da complexidade. É o domínio do complexo e sua mais perfeita síntese.

▸ Vamos navegar um pouco mais nas reflexões de Leila Navarro e repensar nossa forma de caminhar. Quem sabe não é tempo de aprender a fluir, a deixar que o fluxo nos leve até o lugar exato a que queremos chegar.

APRENDENDO A FLUIR

Leila Navarro

O PRIMEIRO PASSO PARA QUEM DESEJA FLUIR é fazer uma reflexão sobre o tipo de onda em que está embarcando. Aqui não me refiro àquelas que surgem do nada e nos carregam compulsoriamente, mas às que nós mesmos escolhemos por influência da sociedade.

É uma sociedade que cultua o sucesso e aponta modelos para seguir, como o executivo que dá palestras, o empresário que fez fortuna da noite para o dia ou o profissional famoso que é referência de mercado. De olho nos resultados e no reconhecimento que esses modelos obtiveram, tentamos trilhar a mesma carreira que eles trilharam – aí podemos pegar uma onda que nada tem a ver conosco, exige-nos manobras difíceis e imensos esforços. Em vez de fluir, acabamos de fato caindo da prancha mais cedo ou mais tarde, pois tentamos viver a vida dos outros, não a nossa; procuramos desenvolver os potenciais alheios em lugar de reconhecer e burilar os nossos; insistimos em perseguir as oportunidades que surgiram para os outros e não percebemos as que surgem para nós.

Para fluir, temos de seguir as ondas que nos levam ao encontro do nosso propósito, ou seja, o papel que viemos desempenhar neste mundo. Uma forma de reconhecer o propósito é por meio dos talentos, uma espécie de inteligência inata que possuímos para fazer determinadas coisas. Outra é nos deixar guiar por aquilo que nos apaixona e tem relevância para nós. Precisamos deixar de lado os modelos de sucesso dos outros (que até podem funcionar para eles, mas não necessariamente funcionarão para nós) e questionarmos: "O que me faz satisfeito? O que eu quero de verdade para mim?". Já o sentimento da relevância diz que o que fazemos é importante: quando sentimos que há relevância no que fazemos, valorizamos o que fazemos, acreditamos no que fazemos, apreciamos o que fazemos. E fluímos.

NA FLUIDEZ CRIATIVA

Fluir parece ser mesmo o maior desafio e a maior aventura humana. Tudo é perfeito como é e há um fluxo que encaminha a natureza de todas as coisas. Quando estamos estressados, colocando excesso de esforço e energia para obter resultados, frustrados pelo empenho não recompensado, não estamos fluindo no fluxo, mas no contrafluxo. É nesse instante que temos que abrir a visão para novas possibilidades, para a mágica absoluta da criatividade humana que permite ver com novos olhos os problemas de sempre, e enfim ser capaz de enxergar neles as oportunidades ali contidas e quase invisíveis ao olhar apressado que damos à vida diária.

Criatividade é uma capacidade inerentemente humana, contudo nem todos os seres humanos se beneficiam dessa condição inata. O ser criativo é aquele que descobre respostas novas para lidar de forma mais fácil, com menor esforço e usando menos recursos, com os desafios diários. O criativo não é somente aquele que faz grandes inventos ou belas peças de arte, mas é todo aquele que melhora a forma de fazer e viver através de idéias originais.

Inovação é fruto de colocar um olhar novo, diferenciado, para as coisas de sempre. Juntar partes aparentemente díspares e fazê-las funcionar a serviço do propósito. Ser criativo não está restrito apenas ao que é útil; todavia, se for útil e belo será ainda melhor. E, se for útil, belo, justo e bom, então alcançamos um padrão que

Platão denominava perfeição. E a perfeição não é algo intangível; é, na visão do filósofo, algo mensurável.

Se algo é mensurável, então pode ser processado por meio de métodos, podem-se aplicar idéias e desenhar modelos que permitam um desempenho onde o útil, o belo, o bom e o justo estejam presentes para criar processos perfeitos que vão gerar resultados perfeitos. Parece utopia? Bem, não custa tentar. "Por que não?" Esta é a pergunta libertadora e criativa. Quando duvidamos da melhor possibilidade, não impedimos que a possibilidade aconteça, pois alguém poderá fazê-la, mas impedimos a nós mesmos de vivenciá-la.

▶ Então, o convite do momento é fluir na onda criativa, deixar-se levar pela possibilidade de algo ainda melhor. Afinal, por que não? O que teríamos a perder na busca por uma fluidez mais serena e perfeita para a vida? Há uma mágica especial em tocar a vida com mãos renovadas por ideais superiores. Para falar de mágica, ninguém melhor que um grande mágico. Então, entra em nosso círculo especial de conversas deste livro Clóvis Tavares, um excepcional *showman*, que soube fazer a ponte entre duas artes: a arte das palestras e o fascinante mundo da mágica.

Clóvis dedica seu tempo e seu talento ao desenvolvimento criativo das organizações e vai dividir conosco um pouco de sua mágica, a essência daquilo que pode nos ajudar a fluir, tornando a vida mais divertida, interessante e, melhor de tudo, mais de acordo com nossos sonhos.

INOVANDO O MARKETING COM MÁGICA

Clóvis Tavares

Palestrante, mágico, escritor e publicitário

MILHÕES DE EXECUTIVOS DE MARKETING buscam neste exato momento uma *nova fórmula para inovar* seus produtos, serviços e estratégias. Alguns fazem MBA nas melhores universidades, outros fazem intermináveis reuniões de *brainstorm* (discussões livres sobre um tema), alguns clonam os concorrentes e dizem que fazem *benchmarking* (técnica de observar e analisar a concorrência para fazer melhor e não errar onde eles erram), outros fazem profundas *pesquisas de mercado* para saber o gosto do consumidor. Muitos ainda sugerem vender a própria empresa ou comprar uma outra para sobreviver ou se destacar na globalização.

A verdade é que *não existe uma regra* para descobrir essa fórmula, ou essa idéia original e inovadora que realmente vira a mesa, faz aparecer lucros e impulsiona a sua empresa ao topo do mercado. Segundo Tom Kelley (*designer* que criou o *mouse* da Apple) e Lyn Heward (diretora de criação do Cirque du Soleil), que estavam no Fórum de Inovação da HSM no Brasil 2007, onde também tive a oportunidade de palestrar, uma brilhante inovação só será descoberta se você estiver acessível a ela, ou seja, sem barreiras para aceitá-la. Nesse mesmo evento o Dr. Clayton Christensen (professor Ph.D. de Harvard) mostrou que só existe uma inovação quando existe a ruptura de conceitos estabelecidos.

Ao analisar *brilhantes criações ou inovações* já concebidas, percebemos que elas foram resultado de uma busca incessante, muitas vezes alucinada, do seu criador.

Não existe uma regra para inovar, mas existe um mandamento a ser respeitado. Sempre *mantenha a mente aberta a qualquer possibilidade*, mesmo que esta rompa todas as suas crenças e preconceitos.

Pesquisas ajudam, mas não podem ser a única base da sua inovação, pois o que elas oferecem são suposições, tendências e possibilidades que deram certo com outras empresas, porém... em outros mercados, em outras situações, em outros momentos e com outras pessoas.

Se você parar para analisar, tudo o que as pesquisas de mercado conseguem oferecer são dados, e estes estão disponíveis a todos os concorrentes que pesquisam. O que falta para encontrar uma solução inovadora é a *sensibilidade para ver nesses dados informações que estão escondidas ou esquecidas.*

Vamos a um exemplo. Se você estiver *jogando dados* com seus amigos, todos vão buscar o numero 6... o maior, o óbvio. Por quê? Porque estamos condicionados a buscar sempre o maior resultado. Porém as oportunidades na ciência do marketing moderno nem sempre estão neste almejado lugar-comum – o máximo resultado. Muitas vezes elas aparecem em uma situação inusitada.

Por exemplo, quando você joga o dado, e ele fica escorado em outro objeto, ele fica de quina entre o 5 e o 6, de forma que não se sabe, ao certo, qual foi o resultado real, esse fato gera uma polêmica entre os jogadores.

Essa situação *polêmica eu chamo de "dado de quina";* é ela que muitas vezes gera o *momento da iluminação onde surgem as idéias e oportunidades.* Nesse momento mágico, todos param de pensar por alguns instantes nos números dos dados e admiram a situação que era aparentemente impossível e inesperada.

Para alguns jogadores, essa jogada não valeu, e arremessam de novo o dado. Porém, alguns mais criativos param o jogo, observam com humor essa incrível e rara posição do "dado de quina" e criam uma nova regra, onde o número maior ou menor será o válido, ou até quem sabe a somatória dos dois, devido à rara possibilidade de esse momento se repetir.

Ou seja, para evoluir no marketing e desenvolver novas estratégias, é preciso deixar de lado a busca dos números inteiros, o raciocínio lógico, e buscar encontrar "novos meios" esquecidos e imprevisíveis. O dado não foi criado para ter 5 e meio, mas em seu negócio deve haver "entrelinhas", situações inesperadas em que seus concorrentes não pensaram porque muitas vezes eles estão focados e condicionados em inovar apenas nos resultados convencionais.

PONTOS DE INOVAÇÃO

Aqui vale uma reflexão: *o quanto estamos abertos para ver o mundo de um ângulo novo? O quanto o convencional tem inspirado e moldado nosso olhar? Há quanto tempo não experimentamos sair da rotina, trafegar por outros caminhos, conhecer e confraternizar com gente muito diferente da gente? Estamos olhando para o mesmo ponto que todo mundo e queremos ver algo novo. Não será possível.*

O "dado de quina" de Clóvis é um excelente exercício, que mais à frente vamos aprofundar, mas por hora vamos refletir sobre essa proposição. Estaremos vendo as nuanças, os pontos cegos, as possibilidades mais raras? Se estamos muito focados no conhecido, lendo o que todo mundo lê, vendo o que todo mundo vê e falando sobre o que todo mundo fala, estaremos fazendo o que todo mundo faz.

Isso é uma lógica geométrica, estamos contidos na realidade que desenhamos ao nosso redor. Passamos a considerar normal ter padrões de vida estressante, a violência, a desconfiança, o sobre-esforço. A isso o psicólogo, antropólogo e pacifista Roberto Crema chama de "normose", a síndrome da normalidade, porque todo mundo faz, parece normal.

Caetano Veloso, em uma de suas inspiradas músicas, diz que "de perto ninguém é normal". Então, talvez seja tempo de abandonar determinadas fronteiras que nos impomos com proibições internas sobre o que podemos ou não fazer. Não há um critério único para a normalidade. Não há um indivíduo referencial, o humano alfa que determinará o padrão de desempenho de todos os demais. Cada um é a referência de si mesmo e só a nossa história é que pode mostrar se estamos crescendo e melhorando ou não.

▸ O que precisamos lembrar é que a mudança é o fluxo. Há sempre uma revolução em curso, contudo é preciso ampliar as antenas da percepção para poder fluir na direção da realização e do sucesso que ela contém. Ludwig fala dos desafiadores contextos da percepção que, dependendo da amplitude e qualidade desta, podem ou não gerar respostas criativas. Ao refletir sobre os contextos poderemos reescrever os nossos e refazer os mapas que determinam os futuros caminhos.

O ÊXODO INDUSTRIAL

Waldez Luiz Ludwig
Psicólogo e consultor

Um robô na indústria, em média, substitui quatro empregos, se paga em menos de um ano, não engravida, não tem data-base nem sindicato e, quando adoece, o patrão tem a opção de eliminá-lo. Ignorantes que são de métodos contraceptivos, crescem, multiplicam-se e evoluem em velocidade nunca imaginada sequer pelos novos darwinistas.

Expostos à palavra "automação", a primeira imagem e a mais óbvia que nos vem à mente é a de uma linha de montagem de automóveis, onde a mão-de-obra mecânica cintila solda na penumbra. Uma transformação menos visível e tão grave ocorre similarmente em atividades de serviços, no varejo, nos bancos, nos consultórios, nos hotéis e surpreendentemente na atividade artística. Hoje, um único músico talentoso, em 4 metros quadrados, é capaz de criar uma obra que envolveria centenas de pessoas. Um operário musical paciente, insone e sem ataques de estrelismo – um "robô-orquestra" – alarga as fronteiras criativas do artista, ao mesmo tempo em que estreita as possibilidades daqueles excluídos do acesso à nova tecnologia.

Assistimos, hoje, a um "êxodo profissional" sem precedentes causado por alterações qualitativas, mais que quantitativas, no perfil do trabalho e do emprego. Um "êxodo industrial" provocado por uma veloz e radical transformação econômica: a transição para a economia digital. Em síntese, uma revolução marcada pela preponderância da informação como bem econômico, do conhecimento como recurso competitivo, mundialização, inovação, senso da urgência, imediatismo, convergência tecnológica e interconectividade.

Na ânsia desesperada de sobreviver à tempestade, muitos "administradores de denominador", públicos e privados, se protegem inutilmente sob mesas de vidro, enxugando, cortando, diminuindo e assim agravando os efeitos sociais de uma revolução. Não precisamos mais de mão-de-obra nem de administradores jurássicos. Precisamos de homens-e-mulheres-inteiros-de-obra, incluindo administradores da inteligência e da criatividade. Conhecimento – o ouro moderno – é garimpado no terreno fértil do cérebro humano e o desafio do momento não está na re-qualificação profissional de nossos ex-escravos e sim na preparação cognitiva de todos os trabalhadores.

Há menos de cem anos nossos pais ou avós assistiram ao êxodo rural. Sofreram os efeitos da incipiente mecanização no campo, que foi reduzindo dramaticamente a necessidade do trabalho humano. Um agricultor, então, produzia para alimentar quatro pessoas, e hoje produz para 78. Nos Estados Unidos, menos de 4 por cento da população trabalha no campo e no Brasil dos canaviais, uma colheitadeira moderna substitui até cem bóias-frias que passam assim a se chamar sem-bóia, nem fria é mais.

Meu avô, Mathias, não teve tantos problemas. Expulso do campo ainda menino, de operário da terra passou a operário do couro. Mãos hábeis, trabalhador obstinado, saúde de ferro e alguma dose de subserviência eram requisitos comuns tanto para o dono da enxada como para o dono da emergente industrialização gaúcha. Não lhe foi exigida então grande transformação cognitiva e, como aprendera na roça, tinha consciência de que não estava sendo pago para pensar, mas para fazer o que o patrão pensava. Requalificou-se profissionalmente para cumprir a rotina, especializou-se em tarefa específica e torceu para envelhecer e se aposentar. Realizou-se como ser humano em outro trabalho: tirador de chope nas festas do Divino, onde a sua inteligência e a sua inventividade sempre foram muito bem remuneradas – em tulipas de cerveja, é claro.

Naquele momento o trabalhador saiu do campo para a indústria, inchou as cidades e sobreviveu, com saudade e nostalgia do futuro que lá teria. E se meu avô estivesse vivo? Ora, aconteceria a ele o que acontece a milhões, que nem tiveram o prazer de desfrutar os netos. Seria expulso da indústria, ou do comércio ou dos serviços, por falência, automação, "reengenharia" ou "*downsizing*". Para que serviriam suas mãos calejadas e sua índole obediente? Para que serviria seu hábito de só pensar depois do expediente? Fugiria da roça industrial das cidades para onde? São milhões, sem destino profissional, no Brasil e no mundo.

ESCREVENDO NOVOS FUTUROS

Ludwig volta nosso olhar *para o âmbito maior do desafio, que tem a ver com inclusão, com a capacidade de se interessar pelo progresso coletivo e ter foco na sustentabilidade de todo o conjunto social. Estamos diante de desafios sistêmicos. Nossa criatividade será cada vez mais exigida, porém, não apenas para as questões de periferia da existência, não apenas para lidar com nosso estreito dia-a-dia. Teremos que colocar nossa poderosa imaginação a serviço do todo, na transformação da comunidade, na revisão profunda do contexto social.*

Mas, calma. Toda longa jornada começa com um primeiro passo, que depois é seguido por outros, e assim vamos percorrendo o caminho, que, como disse o poeta, se constrói ao caminhar. Há um momento em que o que precisamos fazer é somar dois mais dois, concluir a partir da informação consistente e agir a partir dessas conclusões.

Este é o tempo, e aqui é o lugar de onde partiremos nessa jornada que chamamos de "depois", "amanhã", "futuro". São mais que palavras, são definições que podem significar a liberdade para novas escolhas e a possibilidade de uma realidade diferente. Há coisas que não queremos mais? Para qualquer pessoa que tenha sensibilidade para ver a si própria e ao seu redor a resposta será positiva.

Assim, torna-se ainda mais interessante reconhecer que a mudança do ritmo do mundo exigirá de nós uma outra forma na aplicação de talentos. Não é o texto que muda, mas o contexto, não é a ferramenta que se sofistica, mas sua aplicação. Não temos que saber outra coisa, mas fazer diferente.

▶ E que diferença é essa? Que realidade está sendo exigida em nossa construção de futuro? É aqui que Carlos Alberto Júlio passa a nos guiar, com lucidez e extrema sensibilidade para fazer as somas e conferir com a regra de três, tendo certeza de que na matemática da existência não há resultados pré-formatados, mas sim equações que refletem todas as possibilidades da vida.

A REGRA DE 3

Carlos Alberto Júlio

TODO MUNDO APRENDEU A USAR A REGRA DE 3 na escola, não? Constitui um dos mais fabulosos e simples recursos da matemática, que já salvou muitas classificações nos vestibulares. Se 3 está para 100 e se 30 está para "x", "x" é igual a 1.000. Pronto. A mesma idéia pode ser aplicada ao raciocínio sobre os sinais da Economia do Cedro, descritos anteriormente:

• Se é preciso integrar as economias emergentes, e se essas economias padecem de enorme déficit social que requer tempo para ser equacionado, é preciso pensar em longo prazo para integrar essas economias.

• Se é preciso imitar a natureza, e se esta inclui muitos prazos de maturação longos – embora haja vários curtos, também –, é preciso pensar em longo prazo para praticar a mimetização.

• Se inovar é a nova palavra de ordem, e se as populações onde as empresas recrutam sua mão-de-obra estão com um déficit educacional ou de qualidade de vida que limita a inovação, é preciso dar-lhes educação e qualidade de vida para virar o jogo, o que leva tempo.

• Se os bons modos e os bons modismos surgiram para combater a intolerância e a impaciência, e se isso requer uma transformação radical no modo como a sociedade pensa e age, é preciso um longo tempo para que a transformação cultural se consolide.

• Se as instituições estão sendo substituídas pela sociedade – pelas ONGs e companhia –, e se a sociedade tem uma maneira descentralizada de resolver as questões, é preciso longo prazo nesse novo e mais lento processo decisório.

• Se até quem ganha bem sofre e está insatisfeito com a vida, e se muitas pessoas – especialmente nas novas gerações – têm se recusado a se submeter a isso quando se conscientizam do problema, é preciso que as empresas, ainda que vagarosamente, modifiquem-se para atrair, satisfazer e motivar os novos profissionais.

• Por fim, se o meio ambiente está sendo tão atacado que vem mudando o clima e pode ameaçar a sobrevivência humana em muitos pontos do planeta, e se o modo de conter o problema é mudar os modos de produção e consumo das pessoas, temos de modificar nossa cultura e nosso estilo de vida, o que leva tempo.

O CEDRO E O BRASIL

FICA CLARA MINHA ANALOGIA COM O CEDRO? A sociedade já iniciou um processo de mudança radical de valores, o que transformará a economia mundial para sempre, em direção a um pensamento de longo prazo que nunca existiu até hoje verdadeiramente. Que não me venham com a ladainha de que as coisas só mudarão no hemisfério Norte: a globalização ocorreu de fato, e por meio do meio ambiente, não da economia, nem da cultura – não estou falando de californizações. Uma queimada no Brasil pode fechar por três dias o aeroporto de La Paz, na Bolívia, a 4 mil metros de altitude, você sabia? Já ocorreu em 1996.

Agora, faço uma projeção ainda mais arriscada. O Brasil será um dos protagonistas da Economia do Cedro. Suas estratégias para isso já estão implementadas ou em implementação e, em algumas áreas, é a falta crônica de estratégias que o impulsionará, por incrível que pareça. A vanguarda no combustível etanol constitui apenas a ponta do nosso *iceberg*. Mas não é assunto para poucas linhas, até porque requer o detalhamento também dos novos modelos de gestão que as empresas terão de adotar; trata-se de "conversa" para um livro inteiro sobre esse assunto. Quem sabe ainda nos encontramos de novo?

TEIA GLOBAL

Tudo está interligado. *Uma coisa leva a outra, que leva a outra que afeta a primeira, que modifica sua relação com a segunda, que transforma toda a realidade de inter-relações e assim sucessivamente. Pensamento estratégico é sistêmico, amplo, interconectado, aberto para as sutilezas quase invisíveis que apontam para muitos futuros.*

Júlio mostra essa mudança de ritmo, esse alongamento da visão. Curto prazo ganha a dimensão secular que o cedro leva para crescer, de forma consistente, e frutificar. Contudo, a reflexão vai além do ritmo, fala também da dimensão, do horizonte em que devemos trabalhar. A erosão atravessa as cercas de nossa propriedade, não adianta achar que o problema é no terreno do vizinho.

Não podemos perder de vista a necessidade de gerar prosperidade real, ou seja, aquela que considera o tecido social como um todo e que transcende a ilusão da separatividade. Somos uma só família humana, o planeta é uma mesma nação e o ser humano é seu cidadão, como ensina Bahá'u'lláh, o profeta bahá'í. As fronteiras que delimitam as diferenças foram um desenho puramente político. Os muros e as portas não podem impedir que vejamos a necessidade coletiva como algo fora de nossa esfera de poder.

Está ao nosso alcance a mudança, mais do que nunca, pois tudo está dentro da esfera da consciência, que é fruto do conhecimento. Na medida que provamos desse fruto, fomos expulsos do paraíso de nossas ilusões, que nos colocava como impotentes para promover a grande virada de mundo. O conhecimento dá poder e a sua conseqüente responsabilidade.

▸ Contido no cenário maior da família humana, está a essência daquilo que a forma, a família nuclear, nosso lar mais íntimo, nossas relações mais próximas; nossa condição de mudar o mundo nasce dentro de casa. Essa é a contribuição que o pensamento do psiquiatra Içami Tiba, o maior especialista brasileiro no tema, traz para nossa reflexão. Com mais de vinte livros publicados, Tiba nos convida a olhar para o espaço de transformação que nos cabe: a família.

É aí, neste círculo de influência formado pelos laços de afeto e responsabilidade, que podemos constituir o cenário básico de toda a família humana. O que desenvolvemos no micro se materializa no macro através das ondas sistêmicas de uma realidade inter-relacionada e interdependente. Nós podemos contribuir ou prejudicar todo o biosistema humano dependendo da forma como constituímos nossa realidade próxima. Esta afetará tudo ao seu redor, que, por sua vez, afetará os sistemas com os quais se relaciona e assim sucessivamente, até alcançar o conjunto de toda a comunidade global.

Tudo está sistemicamente relacionado. Uma perfeita teia global de inter-relações que faz com que nossos atos tenham um poder extraordinário e afetem realidades que até desconhecemos. As crianças de hoje operarão os processos do amanhã; portanto, educar para a cooperação, a convivência pacífica, a tolerância, a harmoniosa possibilidade da diversidade e o respeito fundamental a todos os seres é que fará desse amanhã um tempo melhor e mais feliz.

Todos esses predicados de convivência têm como cerne a responsabilidade, que dá ao indivíduo o poder de aprender, mudar e fazer. Poder é capacidade de realização. Com habilidade para dar respostas frente aos desafios, teremos um cenário de verdadeira transmutação. Na transformação, mudamos a forma das coisas; na transmutação, mudamos a essência, o modo de pensar, o DNA da convivência.

É tempo de novos mutantes. As crianças e os jovens de hoje precisam ser preparados para ver e pensar com autonomia, saber desfrutar da vida e apreciar as diferenças, não temer a mudança e especialmente reconhecer seu papel fundamental na gestão coletiva. Essa é a maior missão de pais e professores desses tempos de transformação, e o referencial educacional que traz Tiba é o caminho equilibrado, que vai gerar as condições para que os indivíduos que estamos formando hoje sejam capazes de realizar a sociedade que sonhamos desde sempre.

EDUCANDO OS HERDEIROS DO FUTURO

Içami Tiba
Psiquiatra e educador

MUITOS EMPREENDEDORES APRESENTAM incontestáveis vitórias profissionais, mas como estarão eles com as suas famílias? Como estarão com os seus filhos?

A maioria deles, quando crianças, obedeciam assim que os pais olhavam; eram autoritários machos alfa, que comiam peito e coxas de galinha, deixando asas e pescoço para os filhos.

Esses filhos cresceram, entraram no mundo do trabalho, casaram-se e, para não serem pais alfa, deram peito e coxas para seus filhos. Hoje, as crianças ignoram os olhares dos pais, isto é, ganharam poder dos pais para falar, impor e exigir que sua vontade fosse imediatamente satisfeita, e transformaram-se em pequenos tiranos.

Nenhuma empresa quer um funcionário que tenha o espírito de estudante, nem de filho: o funcionário que só trabalha nas vésperas do dia do pagamento equipara-se ao aluno que só estuda na véspera da prova. Se precisar de nota 5, ele estuda somente as páginas ímpares, fazendo o suficiente para não ser despedido. Um filho hoje não cumpre o que deve e faz o que não pode: não atende chamados dos pais para ficar com os amigos; desrespeita os mais velhos e abusa dos mais novos, quer tudo para si sem dar nada de retorno; agrada quando precisa de algo e maltrata quando nada quer, tem um ouvido sempre ocupado com um *iPod*, "surfa na net" nas horas de trabalho etc.

É o mundo em transformação!

As empreendedoras conquistaram o mercado de trabalho, a opção de ter ou não filhos, o usufruto da vida sexual, a participação ativa na economia familiar, nas decisões de compras de carros e imóveis, propõem separações conjugais, indicam escolas e férias para os filhos etc.

Embaixo do folgado tem sempre um sufocado – é a equação da vida. O folgado não quer perder a folga, portanto, é o sufocado quem tem que reagir, e as mulheres reagiram: o machismo está no fim.

Se as máquinas substituíram a força física e a informática, a lógica matemática dos homens, os empreendedores que se cuidem: que usem mais o hemisfério cerebral direito, desenvolvendo sua comunicação afetiva, a expressão emocional e a visão 360 graus, principalmente em casa, já que o sucesso do empreendedor não garante a felicidade dos filhos.

Atualmente, a família oferece novos desenhos, unindo "os meus, os seus e os nossos filhos". Mas parece que ainda funciona a autoridade com os "meus e os nossos", mas não com os "seus". Por que não? Se todos vivem juntos?

Ao mesmo tempo, valores sociais como cidadania, ética, honestidade, gratidão etc. estão sumindo do mercado e levando o planeta ao caos. Então, elaborei a Teoria da Cidadania Familiar.

Pela Teoria da Cidadania Familiar, ninguém pode fazer em casa o que não poderá fazer fora de casa. Assim, todos têm que praticar em casa o que terão que fazer lá fora. Não existe superioridade nem inferioridade a ninguém, mas há os mais e os menos desenvolvidos em cada área; o gênero feminino é diferente do masculino, mas não inferior; os mais ajudam e não exploram os menos desenvolvidos; os menos pedem e não abusam dos mais desenvolvidos, enquanto os pares se associam no lugar de rivalizarem entre si. Os diferentes possibilitam aprendizados e não preconceitos.

FAMÍLIA CIDADÃ

Tiba apresenta um elaborado senso *de um novo poder, muito próximo de nós, acessível e prático, que depende exclusivamente de nossa ação. Entretanto, a todo poder corresponde uma responsabilidade. E o conhecimento adquirido pode não ser seguido, mas jamais será perdido. O que sei me transforma, então saber é mudar. Esse conhecimento, essa visão da nova cidadania que Tiba traz é um poder de transformação profundo que vai exigir também uma responsabilidade correspondente.*

O próprio Içami nos conduz pelo árduo espaço dessa mudança possível, ensinando, passo a passo, o fruto de sua experiência e saber de décadas. Sejamos capazes de aproveitá-lo bem para o desfrute de toda a sociedade. É preciso estar atento para o que se exige de nós, antes de sermos capazes de exigir de outros.

Tudo está por ser feito, e esta é nossa maior oportunidade. Na visão de Tiba há uma Cidadania Familiar, uma nova, ou melhor, uma antiga ética, que precisa ser resgatada, compreendida, assimilada e praticada.

▶ Compreender a diferença entre certo e errado é a base para a ação, antes de qualquer cobrança ou crítica sobre o comportamento alheio. Nós somos as pessoas que podem e devem mudar e tudo será transformado a partir disso. Vamos mergulhar na dimensão dessa sabedoria e beber da fonte produtiva da consciência que Tiba oferece.

NOVAS RELAÇÕES, DIFERENTES RESULTADOS

Içami Tiba

APRESENTO ALGUMAS SITUAÇÕES EMBLEMÁTICAS que convergem para a Cidadania Familiar:

1   Crianças guardando os brinquedos

Hoje, quando acaba a vontade de brincar das crianças, elas simplesmente largam os brinquedos e vão para outra atividade, deixando uma bagunça atrás de cada brincadeira.

Entretanto, a brincadeira acaba quando tudo estiver em ordem e não quando acaba a vontade de brincar, do mesmo modo que quando a criança vai ao banheiro: ela tem que se limpar, depois de satisfazer a vontade fisiológica, e apertar a descarga.

Se não aprender a guardar os brinquedos, a criança achará natural viver em bagunça, largar o material escolar em qualquer lugar, perder o celular etc. Além do egoísmo e da ingratidão gerados, não aprenderá a cuidar do quarto, da casa, da cidade e da Terra.

2   Educação em rede

É preciso que os pais sejam coerentes entre si. Aquele(a) que permite que não se guardem os brinquedos está sabotando a educação. É o Princípio da Coerência Educativa.

A babá (ou qualquer substituta) deve ser orientada a participar deste projeto. Todos têm seus direitos e deveres.

Guardar os próprios brinquedos tem que ser uma medida constante. Não há folga para os deveres até o filho incorporá-los e torná-los naturais. É o Princípio da Constância Educativa.

3   Quem não cuidar do que tem, vai perdê-lo

Quando o filho nasce, ganha o Amor Gratuito, pelo simples fato de existir. Quando começa a tomar iniciativas, recebe as noções do que pode e do que não pode: é o Amor que Ensina. A criança tem que praticar o que aprendeu, pois é a prática que consolida o saber. Se ela não praticar, vem o Amor que Exige.

Neste ponto, os pais falham, pois, em lugar de exigir e colocar limites no que for necessário, querem ensinar outra vez. Surge o Princípio da Conseqüência Educativa.

Conseqüência não é castigo, é a possibilidade de aprender com o erro. Não se deve gritar, surrar nem ficar nervoso. A educação é um projeto racional, e não emocional, de educação.

À criança não cidadã familiar, pode-se dizer: "Se você não guardar agora o brinquedo e arrumar a bagunça (lixo no lixo, esticar o tapete etc.), nós vamos doar este brinquedo para uma criança que goste e saiba cuidar dele".

Toda ordem tem um prazo de execução. Como funcionaria uma empresa sem determinar prazos?

Um prazo que funciona é: "Vou contar até 3". Chegando ao 3, a conseqüência tem que acontecer. Doa a quem doer, o brinquedo tem que ser doado na primeira possibilidade.

4 Profissão: estudante

Quem sustenta essa profissão?

Os pais sufocados dão o melhor que podem e conhecem para o filho folgado que lhes devolve metade do que pode. Onde está a relação custo-benefício?

É inaceitável que um filho seja reprovado na escola sem motivo de força maior. Os pais precisam ensinar ao filho o compromisso com suas responsabilidades. Ele também tem que dar o melhor de si nos estudos. Se o filho não corresponder, os pais podem exigir maior empenho.

A reprovação já é percebida nas primeiras provas escolares, basta que os pais acompanhem os boletins e relatórios. Caso não apliquem o Princípio da Conseqüência, correm o risco de estar sendo negligentes.

No contrato do estudante com os pais feito no começo de cada ano letivo deve constar o objetivo do final do ano, com metas mensais. Para bons estudantes, os pais podem relaxar sem descuidar. Para os maus, os pais têm que cobrar resultados. O futuro profissional e a qualidade de vida do filho (e dos pais) estão sendo preparados no presente.

Na(s) matéria(s) em que o filho não estiver bem, os pais devem combinar um método próprio para estudar em casa, dividindo a matéria em pequenas partes a serem estudadas diariamente. Isso tem que ser cobrado sistematicamente.

O filho que estude quando e como quiser, mas tem que dar uma explicação do que estudou ao pai (ou mãe) usando as próprias palavras, transformando informação em conhecimento. Isso é bom para os pais e para o filho, pois aumenta o convívio familiar, e os pais aprendem o que o filho está aprendendo na escola. Decoreba é perecível e descartável; é a engolição de uma informação.

Caso o filho não consiga explicar ao pai (ou mãe), é porque não sabe. Merece as conseqüências, isto é, começar a perder os privilégios (previamente combinados). Não são perdas definitivas, para não desanimar de vez o filho, mas recuperáveis, assim que conseguir cumprir o que ficou devendo.

5 Ganha carro porque entra na faculdade

Os pais, que já não sabem o que fazer para motivarem os filhos a estudar, prometem um carro se eles passarem no vestibular.

O filho entra na faculdade, ganha o carro, larga a faculdade e fica com o carro. Um carro não vai transformar um mau aluno em bom. Só vai aumentar-lhe a onipotência, a mania de Deus do jovem.

Todos sabem que, por melhores que sejam os salários, eles deixam de ser pagos quando se abandona o trabalho. Por que um filho haveria de ficar com o carro se abandonar a faculdade? Que lição de vida os pais estarão dando se não tomarem o carro de volta?

Prevendo essa possibilidade, é bom que os pais façam reserva de domínio no certificado de propriedade do carro, ou mesmo o deixem nos seus próprios nomes, para poderem vender o carro assim que o filho largar a faculdade. Ele ganhará outro, se entrar em outra boa faculdade. O que não deve é permanecer com um carro com tudo pago (multas, combustível, impostos, seguro etc.) sem estar honrando a sua parte.

6 Nem longe nem perto demais (drogas e violência entre os jovens)

As crianças estão começando a ir para a escola, em média, com 2 anos de idade. Os pais já não têm tempo para conviver com os filhos. Antes mesmo de entrarem na puberdade, os *tweens* já estão imitando os costumes dos adolescentes. *Tween* vem da palavra inglesa *between* ("entre").

Mas tudo isso não justifica a distância entre pais e filhos. O tempo e a qualidade de convivência merecem atualizações. Se os pais trazem trabalho para casa, podem levar o filho para o trabalho. Isto é, durante o trabalho podem procurar saber como e onde se encontra o filho e o que ele está fazendo. Podem usar telefone, celular, internet, torpedo, MSN, visitar seu blog, orkut etc. Mais do que exercer vigilância, é acompanhar a vida do seu filho.

Se os filhos forem dormir antes de os pais chegarem, é bom deixar as lições e tarefas feitas sobre a mesa para serem conferidas. É inadmissível que os filhos escondam o boletim e só o entreguem na segunda-feira, para poder curtir o final de semana, mesmo com notas horríveis.

As saídas noturnas e as baladas dos jovens são mais complicadas. Não só a mãe, mas o pai também não dorme enquanto o filho não chegar. Como saber se está tudo bem com o filho durante a madrugada, se não houve acidente, tumulto, briga, drogas, seqüestro ou qualquer outro problema?

O que fazer quando os pais não conseguem falar com o filho porque ele desliga o celular, deixa acabar a bateria ou qualquer outro argumento?

É importante ter uma combinação prévia. Se não atender o chamado, o uso do celular ficará suspenso durante duas ou três semanas, assim como as saídas noturnas para diversão. Se o filho "inutilizou" o celular, significa que não precisava dele, portanto pode muito bem viver sem ele. Recuperado o celular, terá nova chance de ir a outra balada. Mas a próxima "inutilizada" ficará uma semana a mais que a primeira vez, e assim por diante. É importante devolver o celular para que ele aprenda que tudo depende muito mais dele do que dos pais.

Não saber nadinha do filho que sai na sexta-feira e volta na segunda-feira já é negligência dos pais. Mas, também, ficar telefonando a cada meia hora é querer amarrar o filho com o cordão umbilical.

7 Herdeiros-"esperadores"

Não deixar que os filhos façam o que têm capacidade de fazer significa aleijá-los. Deixando de fazer, os filhos não transformam a informação em conhecimento. Essa gentil poupança, seja por amor ou por ignorância, acaba paralisando as ações dos filhos que, assim, acabam não descobrindo novos caminhos. Diante de obstáculos futuros, acabam tendo que esperar que outros lhes entreguem tudo feito. Isso quebra a auto-estima deles e dificulta que tomem qualquer nova atitude. Em vez de empreendedores, acabam sendo "esperadores".

Além de se indignarem se tiverem que fazer, os herdeiros esperam que outros façam de boa vontade "por eles" e "para eles", como se fossem príncipes em relação aos súditos.

Os herdeiros-"esperadores" podem se tornar agressivos quando frustrados. Sentem-se superiores mas, inseguros e com baixa auto-estima, dão-se o direito de explorar, agredir, queimar e humilhar os mais fracos.

Para não perder seu reinado e suas regalias, os herdeiros-"esperadores" são capazes de extorquir os próprios pais. Para conseguir seus intentos, eles vão desde enganar, mentir, chantagear, ameaçar, e, os piores, até a assassinar os pais. Esses herdeiros-"esperadores" são capazes de levar à falência, por incompetência profissional, as empresas herdadas por conflitos que vão desde simples desentendimentos ideológicos a verdadeiras guerras por vaidades feridas, invejas, rivalidades, investimentos e retiradas diferenciadas etc.

8 Sucessores-empreendedores

O antigo chefe alfa de família era quem dava ordens, comandando os filhos com voz grossa, mão pesada e paciência curta. Hoje, os pais ou substitutos não querem mais ser adultos alfa. No mundo corporativo, eles estão desenvolvendo liderança, mas os pais ainda não identificaram como agir em casa, principalmente na educação dos filhos.

Os pais empreenderam uma mudança radical do comportamento macho alfa, partindo para o oposto. As crianças ficaram livres das pressões de adultos (pais, avós, professores etc.) para realizarem seus desejos (direitos) e não foram educadas para arcar com as suas obrigações (deveres). Sem parâmetros e valores internos saudáveis, elas foram contaminadas pelos comportamentos dos pares (parentes, colegas, amigos etc.) e da mídia (TV, internet, joguinhos eletrônicos etc.).

A vontade mobiliza a ação, que busca saciedade e prazer. Portanto, para as crianças, o objetivo final das suas ações é o prazer. O dever pode, no início, ir contra o prazer (sacrificar a vontade), até atingir a consciência social do dever quando passa a ser um prazer realizá-lo.

Não seria difícil para os pais "migrarem" alguns conceitos corporativos para a educação dos filhos. Hoje, a família é um time, onde cada um joga na posição do seu maior desenvolvimento. Um time que tem um chefe é muito diferente daquele que tem um líder. A liderança familiar é rotativa, não é fixa. Lidera a situação quem for mais apto para ela.

Nem sempre o mais desenvolvido tem liderança. Se isso for detectado na adolescência, o filho pode ser promovido a líder pelo reconhecimento familiar do seu desenvolvimento. Se um filho for, por exemplo, tímido e com baixa auto-estima, ele pode não ter liderança.

Uma das maneiras de ajudá-lo a quebrar, de dentro para fora, a timidez é estimulá-lo a expressar o que sabe (por exemplo, o uso da internet) e, de fato, os adultos se capacitarem sob os seus ensinamentos. Isto é, os pais têm que passar a usar com ele o que com ele aprenderam, assim o adolescente comprova para si mesmo o seu valor e, ao mesmo tempo, os próprios pais atualizam a sua vida e introduzem outros filhos nesse recurso aprendido. Isso passa a ser uma prova documental da sua competência, aumenta a sua auto-estima e alavanca o seu empreendedorismo de acordo com sua idade.

O chefe alfa de família simplesmente proibia os filhos de fazerem o que não lhe agradava. Uma educação empreendedora provocaria um "Você NÃO pode fazer isso aqui! Mas você pode escolher o que pode fazer sem incomodar os outros!".

Diante de uma questão já resolvida ou uma resposta já encontrada, os pais poderiam estimular o filho com um "Que bom! Como você conseguiu?". Isso faz o filho repassar o caminho feito e memorizá-lo mais consistentemente. A felicidade também pode estar no caminho da sua busca.

Os líderes empreendedores não costumam dar respostas prontas, estimulando, assim, os liderados a buscar soluções e respostas. As parábolas também são bem utilizadas, pois dependem das interpretações despertadas nos liderados. Os pais deveriam responder o mínimo possível para estimular a pesquisa em busca de respostas.

Esses são alguns recursos para os pais prepararem os sucessores, isto é, para que os filhos atinjam pontos mais altos e mais desenvolvidos do que os que eles mesmos atingiram. Sucessores, além de suceder, terão que também ter sucesso.

FORJANDO NOVOS CENÁRIOS

Dizem que a caridade começa em casa. *Então, talvez seja mesmo o tempo de voltar para essa esfera mais íntima que chamamos* *de lar e nos deter nos desafios que aí se apresentam, pois superar esses desafios será o maior benefício que podemos produzir e a maior contribuição individual que podemos dar.*

Por vezes, estamos presos a paradigmas limitantes que trazem angústias do passado e temor sobre o futuro. Num livro de tão vastos cenários e com pensadores reconhecidamente competentes, vamos ser chamados à responsabilidade, naturalmente, lembrando que a palavra significa "habilidade de dar resposta", ou seja, nos tornamos mais responsáveis na medida em que nossas habilidades aumentam, e essas são conseqüência do conhecimento que adquirimos sobre nós mesmos e sobre nosso processo no mundo.

Para forjar novos cenários, será exigida uma revisão também das antigas visões que temos sobre a realidade, para que sejamos capazes, sem transgredir, de transcender regras arcaicas que modelam e delimitam o mundo em que nos inserimos.

▶ Num visionário alerta crítico, o professor Marins leva ao questionamento das máximas que têm restringido o desenvolvimento, lembrando que as habilidades vêm do conhecimento, que vão gerar responsabilidades, que equivalem a poder. Em síntese, quando limitamos nosso desenvolvimento, estamos limitando nosso poder.

REPENSANDO A EDUCAÇÃO CORPORATIVA

Luiz Almeida Marins Filho
Antropólogo e consultor

UMA DAS COISAS QUE MAIS IRRITAM OS FUNCIONÁRIOS é que os presidentes e diretores das empresas quase nunca participam de cursos e treinamentos. Nem dentro da empresa, nem fora dela.

Eles incentivam e até obrigam seus subordinados a fazer cursos. Fazem discursos sobre a importância do treinamento, da atualização permanente etc., mas eles mesmos fogem de cursos e treinamentos como o diabo da cruz. Dão todas as desculpas possíveis e imagináveis. As mais esfarrapadas: "Tenho um compromisso inadiável"; "Tenho uma viagem que não pode ser adiada nem antecipada"; "Já fiz muitos cursos iguais a esse nos tempos em que era gerente"; "No próximo, prometo que vou...". Por quê?

É simples. Não vão e continuarão não indo porque os que planejam e fazem os cursos e treinamentos das empresas ainda estão no tempo pré-cambriano da educação corporativa.

Os cursos ainda são focados na avaliação formal do que foi "ensinado", em vez de buscar avaliar se houve ou está havendo mudanças de comportamento, visão e atitudes nos participantes do dia-a-dia da empresa.

Os cursos são longos demais. Ninguém agüenta mais cursos empresariais que duram meses e ficam repetindo conceitos já conhecidos apenas para completar a "carga horária" de 180 horas ou quantas horas a empresa acha necessário para que um curso seja "sério" e tenha "conteúdo".

Os cursos a distância, pela internet, são chatíssimos, desnecessariamente longos. A maioria dos participantes, se tiver opção, desiste logo nos primeiros passos. O índice de desistência dos cursos pela internet chega em alguns casos próximo a 80 por cento.

Além disso, existe uma verdadeira "tara" dos professores, docentes, treinadores em "dar nota", "fazer prova final", avaliar o que foi ensinado durante o curso, de maneira formal. E, como todos sabem, o professor (antigo) prepara uma prova que seja sempre "difícil" e que "mostre que o curso foi sério" e que de preferência pergunte o que os alunos "não sabem com facilidade". Prova disso é que todo professor começa a corrigir uma prova tirando nota e não dando nota ao aluno. Quando ele começa a ler uma prova, o aluno teoricamente tem nota 10. À medida que ele vai errando, a nota vai baixando – "errou a primeira pergunta = 9; errou mais uma, 8", e assim por diante. Nenhum professor corrige a prova com o aluno começando com zero e adicionando valor a cada vez que ele acerta.

Assim, em vez de o treinador, professor ou RH da empresa buscar avaliar se o curso ou treinamento está provocando as mudanças desejadas nas pessoas e na empresa, ele tem a antiga visão de avaliar se o "aluno" é capaz de vomitar de volta o que foi ensinado.

Agora, você que está lendo este capítulo, seja honesto comigo. Acredita que um presidente ou diretor de uma empresa vai se sujeitar a fazer um curso ou treinamento em que tenha que passar por uma "prova" e que possa correr o risco de tirar uma nota 6, por exemplo? Ou ser chamado a responder, na frente de subordinados, a perguntas que ele possa errar? Por que um presidente correria esse risco? Ele simplesmente não vai. Faz aquilo que todos nós, se pudéssemos e tivéssemos o poder para tal, faríamos, simplesmente: não participa.

É preciso reinventar o treinamento corporativo.

REINVENÇÃO É INOVAÇÃO

Por mais absurda que pareça a situação, *a educação no século XXI ainda é focada no medo, na desconfiança e na qualidade da memória e não da aprendizagem do educando.*

O professor Marins, contundentemente, convida a repensar a educação corporativa, que continua sendo um reflexo da educação escolar, que também exige uma revisão profunda. Porém, a empresa é o ambiente onde estamos forjando os cenários da vida e está ao nosso alcance propor, compor e produzir as mudanças exigidas para esses novos tempos.

Se a educação não for transformadora, qual será o seu papel? Educação precisa produzir mudanças qualitativas da consciência dos indivíduos, para assim afetar a visão, a imaginação e a ação. Há um espaço de transformação que nos cabe ocupar, que é a forma como, enquanto adultos, estamos nos educando.

Se não dá para mudar tudo, então vamos mudar o que é possível ser mudado. A contratação, a gestão e a execução da educação corporativa está em nossa esfera de responsabilidade e influência. Cabe-nos decidir o que queremos e como queremos, para sermos capazes de realizar o projeto de mundo que desejamos.

▶ Sigamos na reflexão, conduzidos pela batuta competente do mestre Marins, e vamos olhar mais de perto nosso papel e nossas oportunidades em termos da transformação que já está ao nosso alcance: a educação. Sem ela, não haverá mudanças adequadamente geridas, nem qualidade perceptível.

REPENSANDO A EDUCAÇÃO CORPORATIVA

Luiz Almeida Marins Filho

POR QUE FAZER AVALIAÇÕES FORMAIS? Por que atribuir "notas" num treinamento corporativo? Qual a função? Qual a função de "reprovar" alunos em cursos empresariais, como vejo muitas empresas fazer com orgulho, dizendo que "aqui não tem marmelada no treinamento"?

Temos que entender o porquê de treinar pessoas numa empresa. E temos que entender o que realmente significa desenvolver pessoas num ambiente empresarial. É preciso acabar com as formalidades bobas do sistema formal de educação. As empresas não podem repetir dentro de seus muros o anacronismo das escolas e das universidades

Certa vez, convidei um grande professor estrangeiro para dar um curso numa empresa. Esse curso era de oito horas – um dia inteiro. O curso foi formatado com avaliação, nota e tudo o mais. O presidente e o diretor-geral – com certeza com medo de se exporem na frente de seus subordinados – deram uma bela desculpa e não participaram do curso – que tanto diziam querer participar.

Fiz o seguinte: dei um jeito para que o famoso professor estrangeiro fosse o convidado especial do presidente para passar o final de semana seguinte ao curso em sua casa de praia. Convidamos também toda a diretoria. À beira da piscina, na praia, no bar, no salão de jogos, o professor passou a todos muito mais do que havia ensinado no curso formal dentro da empresa dois dias antes. As conversas vararam a noite. Todos ficaram maravilhados com o que aprenderam. Na segunda-feira, entreguei a todos um certificado de participação no curso do tal professor. Todos ficaram espantados!

Afinal, tinham feito um curso com o famoso professor ou não? Por que um "curso" tem que ser dentro de uma sala de aula, com o professor na frente, os alunos sentados em atitude passiva etc.? Na verdade, nem o certificado seria necessário. Apenas quis mostrar que eles tinham feito um "curso" muito melhor do que os demais colegas de empresa.

REVISANDO PARADIGMAS

Há uma questão curiosa apresentada pelo professor Marins. Há um espaço físico, data, horário e condições específicas que nos garantem aprendizagem? Ou será possível aprender em qualquer tempo e lugar, frente a qualquer circunstância? A resposta a essas perguntas define nosso projeto de aprendizagem e talvez revele a necessidade de uma profunda revisão paradigmática nos valores que estamos aplicando em relação ao desenvolvimento sistêmico de nossa vida. Olhando mais atentamente, podemos verificar que a revisão mais exigida para este instante é a do paradigma humano.

Aliás, todo este livro é um convite a um novo olhar, como usar óculos que podem dar um foco mais claro e mais preciso a todas as coisas.

▶ Precisamos compreender e refletir ainda um pouco mais sobre os paradigmas que criaram as circunstâncias em que nos encontramos hoje. Algumas outras inquietações precisam ser repensadas, e o professor Marins continua a nos guiar nessa parte da trajetória pelo campo vasto da existência.

ROMPENDO COM O ARCAICO

Luiz Almeida Marins Filho

NO ENSINO FORMAL – que dá direito à continuidade de estudos – como graduação, pós-graduação, bacharelados, licenciaturas etc., é óbvio que devemos ter avaliações formais. O diploma oferecido é público e de fé e dá direito reconhecido a seu portador.

As universidades formais são frontalmente contrárias aos MBA corporativos ou executivos feitos em universidades fora do Brasil. Elas dizem que o MEC (Ministério da Educação) não reconhece esses diplomas por universidades estrangeiras. Mas quem precisa desse reconhecimento nos treinamentos corporativos? O que uma empresa quer é que seus executivos sejam eficientes e eficazes; mais competentes e comprometidos em aprender, mudar, criar, fazer, empreender.

Outro dia, fizemos um almoço com vários presidentes de empresa. O almoço durou nada menos do que cinco horas, das 11h30 às 16h30. Num restaurante fechado, discutimos tudo o que pudemos sobre mudanças, perspectivas macroeconômicas, como liderar grupos estratégicos dentro das empresas etc. Foi muito mais que um curso; foi um verdadeiro simpósio, como poucos em que participei. Mas "não valeu como treinamento" para os participantes. Por quê? Porque o almoço não foi marcado pelo pessoal do RH? Porque não havia separação entre o professor e os alunos? Porque um restaurante não é lugar para treinamento? Porque estávamos todos comendo e bebendo ao mesmo tempo? Porque não teve uma prova final com nota?

Tenho um número grande de amigos e clientes para quem envio artigos e comentários de livros todos os meses. São comentários sobre artigos de revistas nacionais e estrangeiras da maior importância para eles. Da mesma forma, faço resumos comentados de livros da atualidade para esses clientes e amigos. Muitos deles me respondem quase todos os meses com comentários. Fazemos uma pequena discussão – pessoalmente, por telefone, pela internet. Analisamos a possível aplicação daqueles conceitos na empresa ou na vida daquele cliente ou amigo. Agora, me respondam: isso é treinamento? Por que não? O que precisaria ter para se tornar um "treinamento"? Se eu chamasse esses resumos e comentários de "apostilas" tudo se transformaria em treinamento a distância?

Ora, isso tudo é uma baboseira sem tamanho. O que importa é a mudança de comportamento e de atitudes. O que importa é que a empresa tenha sucesso comprometendo-se cada vez mais com seus produtos e com seu mercado por meio das pessoas que a compõem. Isso é o que importa e não a arcaica formalidade dos cursos e treinamentos a que se submetem os pobres coitados nas empresas. Eles vão porque são obrigados. Alguém determina que a empresa oferece "x" horas/homens de treinamento/ano por empregado e lá vão os pobres-diabos para aqueles cursos horrorosos de 90, 180, 360, 900 horas! Lá vão os pobres executivos se submeter a provas, exames, avaliações, notas etc.

Num MBA executivo de uma famosa universidade brasileira, um subordinado teve notas maiores que seu chefe, que fez o mesmo curso. Imediatamente, procurou a direção do curso e pediu que suas notas não fossem tornadas públicas porque aquilo por certo comprometeria o seu emprego. Chegou mesmo a pedir que suas notas fossem rebaixadas para, no mínimo, se equipararem às do chefe.

Qual o sentido de tudo isso? O que realmente interessa num treinamento corporativo? O que de fato a empresa deseja? O que as pessoas querem quando participam de um curso ou treinamento? Os cursos ou treinamentos, corporativos ou executivos, estão atendendo os verdadeiros anseios de seus participantes? Ou são cursos para cumprir uma formalidade de treinamento?

É hora de repensar o treinamento corporativo. É hora de descomplicar a aprendizagem e de focar em resultados. O que interessa é que o executivo, o presidente, o diretor, o gerente, o funcionário, todos, enfim, sejam pessoas mais felizes. Felizes porque se sentem mais competentes e capazes de enfrentar os desafios de mudança que o mundo corporativo está a exigir de todos nós. É para isso que devem ser "treinadas". É para isso que devem fazer cursos. E não para tirar nota baixa ou alta, sentar numa sala de aula, agüentar horas e horas de um treinador que mal conhece a realidade da empresa, do cliente, do mercado.

Pense nisso. Sucesso!

OS DESAFIOS DA LIDERANÇA

Há uma lição de casa para todos os que desejam construir uma realidade mais próspera e feliz. Antes de invadir o salão mais ensolarado da confiança irrestrita na abundância e na perfeição de todos os eventos, precisamos aprimorar nossa visão na mais estrita e cotidiana ação. Rever os paradigmas a respeito de como aprendemos, de quem somos e do que desejamos de fato para a vida.

▸ Uma importante questão na construção desse item delicado passa pela liderança e seu desenvolvimento sustentável, tema no qual se debruça César Souza, cuja especialidade é a liderança em suas diferentes nuanças. Sempre a mesma, mas nunca igual, a liderança é a manifestação do espírito humano em sua forma mais gregária, com respeito e reconhecimento do outro e de seus predicados, buscando influenciar mudanças positivas para uma transformação benéfica da realidade. Ou, pelo menos, é o que gostaríamos de ver num verdadeiro líder.

Assim como Tiba fez repensar nosso papel dentro da família e na construção de uma cidadania real, César convida a refletir sobre uma mudança que marca os limites para uma nova época, onde seremos os agentes da transformação, ao assumirmos a liderança dos processos com o novo perfil que nos é exigido. Cruzemos esta fronteira sob a liderança desses pensamentos.

OS SEGREDOS DO LÍDER INSPIRADOR

César Souza

Presidente da Empreenda, consultor, palestrante e escritor

NÃO VIVEMOS APENAS UMA "ÉPOCA DE MUDANÇAS"; vivemos uma "mudança de época". Os velhos e surrados conceitos sobre liderança estão com os dias contados; estamos formando líderes para uma realidade que já não existe mais.

Se desejamos construir famílias mais felizes, empresas mais saudáveis e comunidades mais solidárias, precisamos mudar a forma como pensamos a liderança.

A escassez de líderes competentes é um fato inquestionável. No campo político, a grande maioria dos países ressente-se da falta de estatura e competência de seus líderes. No mundo empresarial, é assustador o número de pessoas que estão infelizes e que apontam os chefes como a principal causa de frustrações e insatisfação. As empresas não têm conseguido formar líderes em quantidade e qualidade suficientes para se expandirem, nem para se posicionarem melhor e mais próximas dos clientes, fornecedores e parceiros. Nas famílias, agrava-se a distância entre pais e filhos. As comunidades também ressentem-se de lideranças mais eficazes.

As habilidades dos líderes que foram aplicáveis durante os últimos cinqüenta anos não são mais tão úteis na nova sociedade do serviço, do cliente, do relacionamento móvel e do mundo volátil em que vivemos.

Parecem desmoronar as conhecidas "verdades" sobre a motivação no trabalho, a lealdade, o comprometimento e... a liderança!

O que fazer? Uma saída é tentar aprender com a prática daqueles a quem chamo de "líderes 5 estrelas". Ao longo da minha carreira tenho tido a oportunidade de conviver com vários deles em diversas partes do mundo. São líderes – homens e mulheres, alguns bastante jovens – diferenciados, notáveis, mesmo aqueles que são anônimos por não ocuparem cargos nem posição social de destaque. Mas exercem a liderança de forma muito competente.

Temos muito que aprender com eles e elas. Quais são os "segredos" desses líderes?

- **Oferecem causas**, em vez de apenas empregos, tarefas ou metas. Criam um ambiente de motivação profunda ao deixar claro o significado que transcende a tarefa, o trabalho, o *job description* das pessoas que os cercam. Vão muito além de metas e objetivos para serem cumpridos. Indicam o "porto de chegada" e as escalas intermediárias na "viagem" da equipe, família, grupo comunitário. E deixam claro que o importante é inventar o futuro, em vez de perder tempo tentando adivinhá-lo. Contribuem para ajudar as pessoas que os cercam a entenderem melhor os momentos que atravessam. Estimulam as pessoas a sentirem que fazem parte de algo nobre, que extrapola a simples troca do trabalho por remuneração, e a superarem situações indesejadas ou inesperadas. Esses líderes oferecem às pessoas aquilo que mais desejam: uma bandeira, uma razão para suas vidas. Partem do princípio de que as pessoas comprometem-se emocionalmente com objetivos e metas quando entendem o porquê das ações. Acreditam que as pessoas estão dispostas a oferecer o melhor de si e até mesmo a fazer sacrifícios, desde que conheçam a causa, o porquê, o rumo, a razão de ser do seu cotidiano.

- **Formam outros líderes**, em vez de apenas seguidores. O líder diferenciado não é mais aquele que tem *atrás de si* um grupo de pessoas que segue fielmente o rumo traçado e é recompensado pela sua lealdade. Essa é uma visão elitista da liderança que precisa ser desmistificada. Os líderes competentes são aqueles que têm em *torno de si* pessoas capazes de exercer a liderança, quando necessário. Criam mecanismos, atitudes e posturas que estimulam o desenvolvimento do líder que existe dentro de cada um com quem convive. Formam, assim, outros líderes. E fazem isso porque já perceberam que as empresas necessitam de líderes em quantidade e qualidade muito maior que no passado. Os líderes que desejam perpetuar suas empresas precisam não de seguidores leais, mas de líderes capazes de empunhar a causa da empresa no momento seguinte. O líder eficaz passou a ser quem sabe criar condições para que a liderança se manifeste nas outras pessoas. Em vez do mítico líder carismático que serviu de modelo na era do comando, os líderes eficazes são aqueles capazes de construir um clima – em casa, no trabalho, no dia-a dia – que permite o florescimento da liderança nos que os cercam. São aqueles pais ou mães que não desejam apenas criar filhos obedientes e dependentes. São os professores que sabem formular perguntas e não apenas dar respostas.

- **Lideram 360 graus**, em vez de apenas 90 graus. O líder diferenciado atua onde faz diferença. Não influencia somente quem está do lado "de dentro" numa família, empresa, escola, hospital. Exerce a liderança também "fora", para cima e para os lados. Na empresa, sabe que precisa exercer a liderança perante clientes, parceiros e comunidades. Cuida de perto dos canais de distribuição de seus produtos e serviços. Precisa, às vezes, intervir em operações de seus fornecedores para que esses garantam o padrão de qualidade e custo requerido para aumentar a competitividade de seu negócio. Precisa influenciar as associações no setor em que atua. Algumas vezes, tem que articular-se com líderes comunitários para que a empresa exerça uma cidadania corporativa eficaz. O líder 360 graus consegue liderar também para "cima". Numa empresa, significa influenciar o chefe, os diretores, o presidente, os acionistas, enfim, todos aqueles que, na escala de poder, ocupam posição hierárquica superior. Isso requer coragem, ousadia, iniciativa, criatividade. A filha influencia os pais. O jogador influencia o técnico do time.

- **Surpreendem pelos resultados**, em vez de fazer apenas o combinado. O líder do futuro não será aquele que apenas chega aonde anunciou que chegaria. Não bastará cumprir metas. Será aquele que fará mais do que o combinado: surpreenderá pelos resultados que conseguir transformar em realidade. Consegue obter resultados incomuns de pessoas comuns. Surpreende, superando sempre o esperado. Em vez de simplesmente dar ordens e cobrar rendimento, incentiva cada um a fazer o seu melhor, porque dá o melhor de si. Não espera acontecer. Cria as oportunidades. Estimula o senso de urgência, não deixa as coisas para amanhã. Sabe que a equipe só se beneficia da diversidade dos talentos se houver complementaridade. Incentiva parcerias, apóia iniciativas. Prioriza o que a equipe precisa, não apenas o que desejam seus integrantes. Consegue o grau de compromisso e disciplina necessários para realizar sonhos definidos em conjunto, não apenas satisfações imediatistas. Celebra os sucessos e as pequenas vitórias. Distribui parte dos resultados gerados, em retribuição à comunidade. Não fica acumulando pendências nem vive cercado de pessoas acomodadas ou pessimistas. Consegue equilibrar a busca do sucesso profissional com as outras dimensões da vida. O líder do futuro sabe compatibilizar as pressões da sobrevivência de curto prazo com as necessidades de longo prazo. O hoje com o amanhã. Cuida do presente enquanto cria o futuro.

- **Inspiram pelos valores**, em vez de apenas pelo carisma. Inspirar pelos valores é a tarefa mais importante desses líderes. É a "cola" que une as outras forças do líder, a que dá sentido a tudo. O líder diferenciado compreende que o critério do sucesso não é apenas o resultado, mas também a forma como o resultado é obtido. Constrói um código de conduta junto com os membros dos grupos dos quais faz parte, em torno de valores que são explicitados, disseminados e praticados. Constrói um clima de ética, integridade, confiança, respeito pelo outro, transparência, aprendizado contínuo, inovação, proatividade, paixão, humildade, inteligência emocional. Cultiva a capacidade de servir clientes, fornecedores, comunidades, parceiros. Encara o empreendedorismo como um estado de espírito, não como sinônimo de pessoa jurídica. Esse líder educa pelo exemplo. Fala aos olhos, não apenas aos ouvidos.

ATITUDES QUE FAZEM A DIFERENÇA

César coloca um desafio, que como todo desafio representa uma enorme oportunidade. A reflexão da profunda mudança proposta para nos tornarmos "líderes 5 estrelas" pode parecer inacessível num primeiro momento, mas, ao analisarmos com mais cuidado, vamos perceber que em alguma medida já fomos capazes de praticar todos esses princípios e podemos aprimorá-los na medida em que o conhecimento sobre cada um deles se torna mais consistente na percepção de realidade.

Para fluir com sucesso num mundo em transformação é mesmo imprescindível se aprofundar no tema da liderança. Que líder somos nós? Que líder queremos ser? O quanto percebemos que nossa liderança, seja em que nível for, forma a realidade ao redor e, como ondas num lago, se repercute em toda a dimensão da vida.

▶ Marco Aurélio Vianna, um dos mais destacados pensadores brasileiros sobre gestão estratégica e liderança, apresenta uma reflexão sobre as qualidades intrínsecas de um grande líder, nos instigando a uma mudança de percepção e conseqüente mudança de atitude, que pode compor toda a diferença na realidade que, efetivamente, buscamos construir.

O LÍDER TRIUNFADOR

Marco Aurélio Ferreira Vianna

EM PESQUISAS QUE DESENVOLVI junto a dezenas de destacados líderes brasileiros, sempre tentei descobrir qual o grande diferencial que caracterizava grandes líderes dos líderes neutros. Capacitações como ética, honestidade, competência técnica, são elementos básicos. Capacidade de comunicação, saber motivar, administrar a crise também não podem ser colocados como grandes diferenciais. Capacidade de sonhar, organizar e planejar podem ser desenvolvidas com graus diferentes de dificuldade.

O grande líder começa, efetivamente, a se diferenciar quando extravasa os limites dos cinco sentidos e passa de forma extra-sensorial a usar seu sexto sentido. Aqui começa a verdadeira diferença. Ele/ela sente o insensível, ouve o inaudível, vê o invisível. É nesse ponto que a linguagem não falada passa a ser sua ferramenta mais aperfeiçoada. Ele/ela não precisa de relatórios para saber resultados, não precisa de informação para sentir o clima. Seu sexto sentido entra em ação e um modo superior de relacionamento e estratégia se instala nas suas atitudes e ações. Como ensina Deepak Chopra, "líderes representam a alma simbólica da coletividade". Para representar de forma eficaz, têm que entender o que paira além do simples extrato físico.

Mas o grande líder não pára por aí. Vai adiante e atinge um grande vigor através de um sentido ainda maior. Aqui está a postura verdadeiramente diferenciada que isola os triunfadores dos perdedores, os que fazem a diferença dos "soma-zero" daqueles que deixam um grande legado dos que vieram a este planeta somente para usufruir, senão usurpar:

Antes e acima de tudo, o grande líder coloca no seu projeto uma causa mais nobre, um sentido de missão. Sua atuação não se restringe a liderar um fluxo de caixa a ser maximizado. Ele segue o pensamento do compositor Antonio Salieri, definindo a atuação de Wolfgang Amadeus Mozart, seu contemporâneo: "Eu transformo as lendas em coisas comuns; Mozart transforma as coisas comuns em lendas". O projeto deste líder cujas características perpassam pelo tempo é elevado à categoria de lenda, de construção de uma história que se integra à evolução da humanidade, de legado, de herança social.

Para levar adiante sua lenda, o líder, ainda superando o sexto sentido, tem obsessão pelo que faz. Por meio de um comprometimento absoluto com sua causa, constrói a superposição de sua vida pessoal e seu projeto. Não há diferença entre a pessoa e a causa. Os dois estão simbioticamente ligados em todos os seus pontos de conexão. O que é positivo para um é positivo para o outro. O sucesso de um é o sucesso do outro. Em verdade, se estabelece um jogo ganha-ganha no âmbito individual, indissolúvel, irreversível.

De acordo com Jean-Jacques Rousseau, esse líder diferenciado aplica na prática seu ensinamento: "Se é a razão que faz o homem, é o sentimento que o conduz". Nesse momento, é incorporado a seu perfil o extrato da emoção, através do "entusiasmo" – palavra grega que significa "Deus dentro de si". Para esse líder – com um Deus do amor –, a paixão passa a fazer parte intrínseca de seu corpo de atitudes. Literalmente, seu sucesso é atribuído à afirmação: "A razão do meu sucesso? Eu amo o que faço". Independentemente do valor material de seu patrimônio, seu verdadeiro orgulho, sua real motivação é a edificação de sua causa.

Entendendo o preço a pagar pela conquista, sua dedicação é absoluta, porque ele quer construir sua obra de arte. Nesse ponto ele tem como espelho Michelangelo; quando questionado como conseguiu transformar um bloco de mármore de 5 metros de altura por 4 metros quadrados de base na estátua de Davi, ele respondeu: "Foi simples. Fiquei olhando um bom tempo para o bloco de mármore e aí enxerguei o Davi que estava dentro dele. A seguir peguei as ferramentas e comecei a retirar tudo o que não era o Davi". O líder visionário, diferenciado, não encara a vida apenas como um bloco de mármore. Ele sabe que dentro da pedra bruta tem a sua obra de arte. E, assim, dedica a vida a construir sua lenda, sua herança para o universo, uma causa para este maravilhoso exercício da vida humana.

BARREIRAS AINDA POR ROMPER

Se já tivéssemos vencido todos os limites paradigmáticos, o mundo não seria como é. Em paralelo a um exercício consciente como pais e líderes, temos que superar visões arcaicas de mundo que povoam nossos sistemas de crenças. Fluir da escassez para a abundância. Confiar no fluxo e escolher o mais próspero, com a certeza de que seremos capazes de lidar com os desafios na medida em que se apresentarem.

▸ Que valores podem nos conduzir na seara dessa mudança? O professor Gretz, numa visão poética e inspirada, apresenta um projeto de qualidade humana, ou de humanização da qualidade, que só será real se for inspirado por valores que reconhecem e respeitam a essencialidade do ser humano.

O QUE REALMENTE CONTA

Jõao Roberto Gretz

Ao fazer uma palestra em uma grande empresa, certa vez, percebi que o ambiente estava especialmente propício. As pessoas estavam animadas, alegres por estarem ali, celebrando aquele convívio. Mostravam real interesse em aprender e crescer, como seres humanos e como profissionais. Olhei então para um folheto que estava sendo distribuído, com o título "Somar para multiplicar". Era a programação do evento, que incluía, além de palestras, uma série de atividades de lazer, de saúde e culturais. Mas o que mais se destacava no folheto era um texto sobre os "5 H", que se inspira no consagrado programa "5 S".

Poderia abordar aqui outros programas e outras teorias ligadas ao relacionamento humano no trabalho, mas cito esta apenas como um exemplo de que a sensibilidade humana ocupa hoje o seu espaço no pensamento organizacional. Quais são os 5 H? Humor, humildade, humanidade, harmonia e honestidade.

Ter humildade não é sentir-se inferior, nem mostrar-se submisso. É ter consciência das próprias limitações e, ao mesmo tempo, ter vontade de se aprimorar. É aceitar críticas, acolher sugestões e compartilhar com os outros o que se conhece.

Humanidade é a realização plena da natureza humana. Envolve os sentimentos de bondade e benevolência em relação aos semelhantes, ou de compaixão e piedade, em relação aos desfavorecidos. É uma atitude que faz bem a todos, e mais ainda a quem a pratica.

Harmonia é a capacidade de bem conviver, gerando um ambiente agradável e solidário, com verdadeiro espírito de equipe, totalmente afinado no alcance de objetivos comuns.

Honestidade é a valorização da verdade e da ética em todos os relacionamentos – pessoais, funcionais, comerciais etc. Uma equipe de trabalho que se fundamenta também na honestidade é mais sólida, mais confiante, mais segura e mais positiva em todas as suas ações e atitudes.

Por que deixei por último o humor? Porque é um tema sempre presente em minhas palestras e livros. Algo nem sempre bem compreendido, mas altamente importante, fundamental mesmo, em qualquer convívio. Sobre esse assunto há uma frase excelente de Half Warren, professor de liderança: "O humor é um atributo dos líderes nesses tempos de rápidas mudanças e valorização do trabalho em equipe".

As pessoas com senso de humor tendem a ser mais criativas, menos rígidas, mais flexíveis e mais dispostas a considerar e incorporar novas idéias e novos métodos. O segredo do humor é ver as coisas por um outro ângulo. Situações que parecem sérias e difíceis tornam-se às vezes simples de lidar, quando vistas de modo bem-humorado.

Quando comecei a me interessar pela leitura, um dos principais incentivos que tive para adquirir o hábito de ler livros foi a revista *Seleções*, que era muito popular na minha juventude. Nessa revista, havia resumos de livros de renomados escritores, e bons artigos sobre os mais variados assuntos. Mas o que eu lia primeiro – e acredito que a maioria dos leitores tinha o mesmo costume – era uma seção chamada "Rir é o melhor remédio", com piadinhas curtas. Só depois de ler e reler as piadas eu encarava os textos maiores.

Essa expressão ficou na minha memória: "Rir é o melhor remédio". E hoje compreendo que o ato de rir é bom não somente para a boa convivência entre as pessoas, mas também para a qualidade de vida. Acima de tudo, e sem dúvida nenhuma, rir faz bem à saúde. Inclusive à saúde do ambiente de trabalho.

É claro que não basta ser engraçado para instituir o bom humor em um ambiente. Rir da piada contada pelo chefe ou pelo colega não garante que exista bom humor. Humor é algo bem mais profundo; depende do equilíbrio da pessoa e do ambiente. Está ligado ao ânimo de cada pessoa e também de todo o grupo. O humor do grupo influi no humor de cada pessoa e vice-versa. Isso vale para a população de uma cidade, ou do país, e vale também para a empresa. Esse é sentido de um velho provérbio chinês: "Quem não sabe sorrir não deve abrir uma loja".

Em um dos filmes da série *Jornada nas estrelas*, um robô capaz de pensar e de conversar com as pessoas sobre os temas e raciocínios mais complexos percebe que não havia como ser dotado de humor, mesmo tendo a mais avançada inteligência artificial. Alegria é uma atitude mental extremamente positiva e essencialmente humana. O humor é útil até para alavancar o interesse por assuntos mais sérios. Em minhas palestras, aproveito conscientemente esse poder do humor para ligar os assuntos – por vezes bastante profundos – mantendo as pessoas atentas e receptivas. Vamos então continuar cultivando esse "diferencial competitivo" que, em todos os tempos, do passado remoto ao futuro do presente, tem propiciado ao ser humano maior cordialidade, disposição e alegria de viver.

A MÁGICA ESTÁ NO OLHAR

Mudar de mundo é mesmo mudar de olhar. *Cada uma das reflexões tecidas no mosaico deste livro tem a finalidade de ampliar e, conseqüentemente, alterar nosso olhar para fluirmos num mundo em constante transformação.*

Mais uma vez o tema da criatividade vai pautar esta mudança. É preciso ver os modelos arcaicos, compreender os desafios da mudança, contudo é também indispensável elaborar respostas novas e criativas para seguir na esteira dos sonhos e ser capaz de realizar os propósitos que continuam a nos inspirar.

Contudo, para seguir em frente a partir da encruzilhada das possibilidades que o caminho apresenta, é preciso ter clareza da latitude e da longitude do agora. Em que ponto nos encontramos? Quais as prioridades neste momento exato de nossa existência e como fazer para realizá-las? Antes de responder a essas questões é necessário ainda mais um pouco de reflexão, de revisão de paradigmas, de exercitar a mente no campo da consciência.

▶ Waldez Ludwig vai nos guiar em mais um vertiginoso passeio pelas idéias que rompem barreiras e criam novos futuros. Vamos nos lançar com vontade a essa experiência para sermos felizes viajantes de uma venturosa jornada pessoal.

O "NOVO" RENASCIMENTO

Waldez Luiz Ludwig

DESENHE UMA CRUZ. Agora, imagine que o eixo vertical representa o desenvolvimento humano e o horizontal representa o desenvolvimento tecnológico e econômico. Então, temos os quadrantes, ou quatro possibilidades, de cenários futuros.

Se o desenvolvimento tecnológico e econômico continuar nesse ritmo e nós não o acompanharmos com alto grau de desenvolvimento humano, teremos um cenário mórbido: consumismo e desigualdades, o mundo dividido e conflitos culturais de toda espécie. Mas pode ser pior. Se além de baixo desenvolvimento humano tivermos recessão e diminuição do avanço científico, teremos um cenário tétrico: barbarismo, revoltas, miséria e guerra. Um cenário *blade-runner*.

Menos mal se a recessão vier, mas junto com ela vier uma revolução da consciência do ser humano em relação aos seus semelhantes e ao meio ambiente. Teremos um cenário de volta às origens: sentimentos e ações no sentido da preservação, da cooperação, da democratização e do desenvolvimento espiritual.

Por último, há o cenário que desejamos: desenvolvimento científico, tecnológico e econômico com muito desenvolvimento humano. Seria um cenário bacanérrimo: um mundo sem fronteiras físicas, de raça, classe social ou religião. Todos com muitas identidades e muitos papéis sociais. Tudo global, cosmológico, organizações, redes, mercados, comunidades. Nações-estado sem nacionalismo e uma tremenda diversidade social e cultural respeitada por todos. Percebeu que os dois cenários legais dependem exclusivamente da transformação da nossa consciência? Ou seja, depende de nós. Os cenários bacanas para este milênio dependem de um salto de consciência, uma revolução no sentido do desenvolvimento humano. Se não queremos um cenário *blade-runner* para os nossos netos, temos que refletir sobre os rumos que queremos dar à sociedade.

Um salto de qualidade implica aceitar sermos mutáveis e não cristalizados, implica ter personalidades multifacetadas, descentralizadas. A ortodoxia há muito saiu de moda. Precisamos de radicais do bem. Precisamos desenvolver um sentimento de encantamento com a vida, com a nossa e com a dos outros. Um encantamento com a natureza, com o trabalho e com a missão social. Precisamos nos libertar das amarras que nos impuseram e é preciso ser um pouco louco para arrebentar as cordas e ser livre, como diz Zorba, o grego.

Será preciso nos desligar de qualquer tipo de preconceito: de raça, nacionalidade, ideologia, sexo ou ocupação. A vida bacanérrima que podemos nos propor será de um forte sentimento de auto-realização, especialmente no ambiente de trabalho. Será um ambiente de harmonia com a natureza e de busca espiritual. A ideologia do "eu" será morta, sepultada e esquecida.

INDO UM PASSO ALÉM

Esta bela lição precisa ser urgentemente incorporada e exercitada. Visão expandida vai além de ver melhor a própria jornada; é fundamental enxergar todo o cenário da realidade humana, da família, da comunidade em que estamos inseridos, e os desafios de sustentabilidade para toda a humanidade em sua interdependência com o meio ambiente. Não haverá futuro sem isso.

▶ A mudança não será viável sem a qualidade de uma liderança digna, engajada, desperta e capaz de inspirar e operar em ambientes de constantes mudanças. Ousar sonhar já é um ato de capacidade. Transformar o sonho em realidade é fruto de conhecimento aplicado e saborear os resultados é a sabedoria que resulta de toda a experiência.

Esse é um dos aspectos mais contundentes da reflexão trazida por César Souza, que pode nos inspirar para ir além das medidas estritas e dos limites muito próximos em que estamos habituados a trafegar.

ATITUDES QUE FAZEM A DIFERENÇA

César Souza

VAMOS ADICIONAR, AO VOLUME DAS REFLEXÕES aqui contidas, duas atitudes que distinguem, além dos pontos já tratados, os "líderes 5 estrelas":

A primeira delas é que esses líderes aprenderam a *ser líderes 24 horas por dia em todas as dimensões da vida*. Exercem a liderança de forma coerente no escritório, em casa, na escola, na comunidade. Entendem que a liderança não ocorre apenas quando estamos no trabalho. Por que salientar essa atitude? Por que, infelizmente, a maioria exerce o papel de líder apenas quando está no seu ambiente formal e se comporta de modo completamente diferente – às vezes, até antagônico – em outras circunstâncias da vida; estes são os "líderes meia-boca", que defendem certos valores quando estão com o crachá da organização, mas têm outras atitudes quando estão em casa ou em situações do cotidiano.

A segunda atitude é que os líderes 5 estrelas, antes de pretender liderar os outros, *aprenderam a liderar a si mesmos*. Essa é uma das competências mais fundamentais para ter sucesso no futuro. Sabem que, ao liderar, desafiam as pessoas a mudar seus hábitos, posturas, atitudes, comportamentos, modos de pensar. Enfim, a modificar a forma de encarar a vida. Esses líderes verdadeiros entendem que a mudança começa dentro de cada um de nós. Sabem que liderança não é uma questão técnica, mas de atitudes e posturas. Atitudes perante outros, mas também perante si mesmo. Isso implica liderar as emoções, os ímpetos e as deficiências, e saber suplementá-los com pessoas de sua equipe ou com parceiros na vida pessoal. Isso exige elevada dose de autoconhecimento.

E você? Quais desses pontos já pratica e não são segredo para você? Quais aqueles que precisa praticar mais para ser um líder melhor? Evite atuar no novo jogo da liderança usando a velha forma de pensar que o conduz sempre aos mesmos lugares. Como bem diz o grande poeta da língua portuguesa, Fernando Pessoa:

Há um tempo
Em que é preciso
Abandonar as roupas usadas
Que já têm a forma do nosso corpo

E esquecer os velhos caminhos que nos levam sempre
Aos mesmos lugares

É o tempo da travessia
E, se não ousarmos fazê-la,
Teremos ficado para sempre
À margem de nós mesmos!

Se você deseja se tornar melhor naquilo que faz, precisa se reinventar como líder e aprender com as trajetórias dos líderes 5 estrelas, para melhor inspirar as pessoas com as quais convive no trabalho, em casa, no seu dia-a-dia.

MOTIVOS PARA SEGUIR EM FRENTE

Não ficar à margem de si mesmo. *Grande lição do poeta. E a reinvenção de si mesmo como um líder que vai além e transcende os desafios transformando a realidade é o grande desafio, como mostra César.*

▶ O que não podemos deixar de aplicar é a determinação para alcançar nossos propósitos. É por isso que entra na roda de conversa o mestre da oratória no Brasil, Reinaldo Polito, que vai mostrar, com sua grande percepção, o que pode representar toda a diferença na liderança.

DETERMINE-SE A SER QUEM DESEJA SER

Reinaldo Polito

Professor de oratória, palestrante e escritor

DETERMINAÇÃO FOI SEMPRE UMA DAS CARACTERÍSTICAS mais importantes na vida dos grandes líderes. Se analisarmos a trajetória daqueles que influenciaram a história da humanidade vamos constatar que praticamente todos foram pessoas determinadas, que nunca esmoreceram diante dos desafios que tiveram de enfrentar.

Relembremos, por exemplo, a vida de Demóstenes. Logógrafo extraordinário, Demóstenes tinha tanta habilidade para escrever discursos que chegava a ser convidado pelas partes adversárias para produzir as peças de acusação e de defesa. E escrevia ambas com a mesma competência.

Só para dar uma idéia do tamanho dessa proeza, podemos compará-la a um jogo de xadrez em que uma pessoa joga contra si mesma. Imagine você tendo de mover as pedras brancas e pretas, sabendo sempre como será o próximo lance do adversário.

Entretanto, para falar, Demóstenes não possuía a mesma competência que tinha para escrever. Suas características pessoais o deixavam longe da imagem de um grande orador.

Possuía voz fraca, não pronunciava bem as palavras e era motivo de zombaria por causa do vício de levantar seguidamente um dos ombros enquanto falava.

Essas dificuldades naturais poderiam fazer com que qualquer outra pessoa desistisse de ser orador. Mas Demóstenes era determinado e não se conformou com a condição que a natureza havia lhe imposto. Para fortalecer a voz, passou a fazer longas caminhadas na praia e falava diante do mar, procurando desenvolver um volume que superasse o bramido das ondas.

Com o objetivo de aperfeiçoar a dicção, punha seixos na boca e, com as pedrinhas dificultando a fala, aprimorou a pronúncia das palavras. O vício do ombro foi corrigido com um recurso muito curioso: colocou uma espada pendurada no teto, com a ponta voltada para baixo, e, ao exercitar os discursos na frente de um espelho, era ferido sempre que produzia o movimento involuntário.

Determinado a se concentrar nos seus exercícios e a não desistir, raspou metade do cabelo e metade da barba e, com essa aparência ridícula, ficou impedido de aparecer em público, obrigando-se a continuar o treinamento.

Depois de todo esse sacrifício e com atitude sempre determinada, Demóstenes não apenas pôde falar em público, como se tornou o maior orador da Antiguidade.

Costuma-se comparar Demóstenes a outro extraordinário orador, o romano Cícero. Bem-preparado, culto, eloqüente, era um orador imbatível e difícil de ser enfrentado.

Todavia, era muito vaidoso e não tinha escrúpulos para se unir aos poderosos sempre que julgava conveniente. Por isso, ao mesmo tempo que conquistava admiração pelo seu talento, despertava ódio e antipatia pelas suas atitudes.

Dizem os historiadores que a grande diferença entre um e outro está no fato de que, enquanto Cícero falava, o povo exclamava: "Que maravilha, como fala este orador!". E, quando Demóstenes falava, o povo marchava.

Aqui temos duas reflexões que podem nortear nossa vida. A primeira se refere ao nosso potencial para falar em público de maneira eficiente: as dificuldades que me impedem de ser um grande orador são maiores que as enfrentadas por Demóstenes?

Será que com tantos recursos, para ajudar a falar melhor em público não está faltando um pouco desse precioso ingrediente chamado determinação?

A segunda reflexão parte da comparação feita entre Demóstenes e Cícero: será que, ao falar, estamos apenas preocupados em ser admirados pela maneira como nos expressamos, ou interessados em fazer que as pessoas vejam em nossas atitudes um exemplo, aceitem nossa liderança e concordem em abraçar a mesma causa que nos permitirá afastar os mais pesados obstáculos e caminhar para a conquista das vitórias?

A ARTE DE SER UM LÍDER

Mestre Polito dá uma aula sobre determinação, *entusiasmo, propósito e, especialmente, liderança. Não chegaremos nunca a ser o que não nos comprometemos a realizar em nós mesmos. A maior e mais significativa conquista é tornar-se o que se deseja ser.*

Com esse exemplo de profundo impacto que Polito apresenta, podemos apreender com clareza ainda maior o poder que as idéias desempenham em nossa vida. Caminhamos por cenários e por reflexões, algumas inquietantes, nos convidando a uma mudança sistêmica, outras inspiradoras, possiblitando perceber que nada acontece fora de nossas escolhas. Tudo é fruto da escolha que fazemos.

Um livro que trata de pensamento estratégico dentro de um cenário de mudanças perenes exigiria um refletir sobre o ambiente interno – a motivação, a bússola pessoal que vai apontar o norte da existência e permitir que não nos percamos de nós mesmos.

▸ O convidado para iluminar este espaço íntimo e muito pessoal é Cesar Romão, um *best-seller* internacional no tema da motivação. Para trilhar o último trecho da jornada que estamos empreendendo juntos ao longo destas páginas, Romão apresenta a guiança prática para manter a chama da motivação, que vai permitir vencer obstáculos e rever – colocar uma nova visão – tudo aquilo que teimamos em definir como problemas.

GESTÃO DA MOTIVAÇÃO

Cesar Romão

Escritor

MOTIVAÇÃO SÃO ESTRATÉGIAS DE VIDA para que as pessoas e as empresas realizem seus objetivos com sucesso e felicidade.

Seguem dez sugestões motivacionais:

1 **Faça a melhor escolha para sua atuação** – Pessoas que acreditam em seu potencial precisam começar pela melhor opção de mercado dentro de suas capacidades se quiserem montar um negócio próprio. Se quiserem criar uma carreira, o comportamento tem de ser o mesmo: encontrar uma carreira onde possam implementar sua capacidade. Quando a escolha de atuação está longe do verdadeiro potencial da pessoa, as coisas ficam muito mais difíceis e podem não oferecer um resultado positivo.

2 **Identifique uma necessidade** – O mercado atual precisa de soluções em diversas áreas, é isto que as empresas procuram, e é este um ingrediente importante para uma ação encontrar eco quando colocada em prática. Quanto maior o mercado, mais soluções para novos desafios as pessoas precisam desenvolver. Encontrar uma necessidade preponderante e fazer dela uma oportunidade pode ocasionar um movimento positivista em sua atuação. Além disso, o despertar de uma necessidade

também é um ingrediente importante, significa identificar algo que o mercado ou as pessoas ainda não perceberam que precisam e que aquilo pode fazer bem a suas vidas pessoais e profissionais.

3   A lei da reciprocidade – Qualquer pessoa que busca uma posição privilegiada neste universo tem de ser profunda conhecedora desta lei. Caso acredite ou não, não fará diferença, pois ela está aí e faz parte de sua energia de vida. Não é algo como: "É dando que se recebe". Na lei da reciprocidade o dar é o caminho, o receber será uma colheita silenciosa e privilegiada. Atuar com reciprocidade, sem interesse, cria uma freqüência especial ao seu redor, em que essa freqüência estará sintonizada com suas necessidades e com as peças que faltam em seu quebra-cabeças. O dar sem interesse é o melhor caminho para criar ótimos relacionamentos e chances para identificar oportunidades. Fará de você uma pessoa lembrada pelo que realmente tem em seu interior.

4   Incentive o bem – Somente o bem pode encontrar o caminho verdadeiro, aquele que realmente toca o coração de quem quer chegar lá... Não existe vitória quando o bem não está presente em qualquer ação de vida, principalmente na busca do sucesso. A sinergia do bem é uma proteção aos seus atos e à sua conduta.

5   A estrada é longa, mas bela – Por mais difícil que possa parecer realizar aquilo que deseja, o aprendizado é sempre uma maneira de crescer. O importante é procurar aprender durante todo o caminho da busca pelo seu objetivo. Nunca perca o objetivo de vista, nunca deixe de admirar o caminho: é nele que estão os sinais que vão lhe dar a força de que precisa para seguir.

6   Fique longe das pessoas malas – Existem pessoas que são um verdadeiro transtorno para suas próprias vidas e para a dos outros. Procure ficar ao lado de pessoas nutritivas que realmente possuem um sentimento positivo por você. Um bom-dia para uma pessoa mala já pode ser uma grande tragédia para o seu dia.

7 Não transfira a culpa – Este sentimento é muito pessoal, diz respeito a você e a ninguém mais. De alguma maneira tudo o que acontece teve início em algum momento da vida, devido a um comportamento que gerou uma ação e uma reação. Portanto, assuma sua postura de vida e suas responsabilidades.

8 Agradeça sempre – A ingratidão afasta da sinergia e do sincronismo com o universo, assim como da própria vontade de realização. Quando não agradecemos, não abençoamos o que surgiu no caminho. A energia da gratidão é um sopro de vida no que acreditamos.

9 Mantenha sua fidelidade – Muita gente não é fiel ao que pensa nem ao que sente. Este é um divisor terrível quando se está em busca do sucesso. Se você tem uma idéia e um sentimento que acredita que irão levá-lo para onde quer, seja fiel a eles, não permita que fatores externos o influenciem a mudar; aceite apenas os fatores externos que o ensinam a caminhar para mais longe.

10 Ame o que realmente é importante – Tire da vida tudo o que lhe causa algum tipo de incerteza e não o faz sentir-se bem. Dedique-se ao que realmente importa, ao que realmente faz seu coração vibrar e sua mente sorrir. Você nasceu para vencer; só você pode mudar isso, só você pode realizar isso.

DE BRAÇOS DADOS COM A VIDA

Foi um belo passeio este nosso, *e uma delícia contar com a sua companhia para chegar a este instante e refletir sobre as oportunidades que se abrem à nossa frente. Primeiro, e antes de tudo, vamos dar um tempo.*

Dar um tempo para pensar sobre:

- *Onde estamos e aonde queremos chegar.*
- *Quem somos e em quem queremos nos transformar.*

- *O que almejamos e o que estamos fazendo para alcançar isso.*
- *Que mundo sonhamos e o que fazemos para merecê-lo.*

Navegar no fluxo, crescer na consciência, liderar e influenciar, educar e educar-se, transformar paradigmas, ser criativo, mudar e produzir mudanças... são muitas as possibilidades. Contudo, a maior delas é aquela que nos compete: fazer escolhas.

Nossas decisões vão definir a seqüência e conseqüência de realidade que vamos gerar e viver. Sejamos capazes de escolher sabiamente e fazer valer nossos sonhos, que são sempre positivos – os negativos costumamos chamar de pesadelos.

Este livro é uma ampla e variada reflexão, mas é também um convite que lhe foi feito para fazer parceria com a realidade, sair de braços dados com a vida e fazer valer tudo o que se almeja.

Como percebemos ao percorrer estas páginas, há que se fazer mudanças, há pontos críticos que precisam ser repensados e valores que precisam ser praticados. Como o que é mais agudo pode furar, mas também pode costurar, vamos usar a contundência dessas idéias para fazer novos bordados de mundo, revelando outros cenários e novas e mais interessantes paisagens.

Fica aqui o convite, que pode ser lido e relido, para lembrar que estamos neste mundo para desfrutar da vida, em todas as suas dimensões e em perfeita harmonia com todos os seres.

BIBLIOGRAFIA

GRETZ, João Roberto. *A força do entusiasmo: Como usar a fonte de energia que está dentro de você.* Edição própria.
_____. *É óbvio: Qualidade real ao alcance de todos.* Edição própria.
_____. *O líder dos líderes.* Edição própria.
_____. *O prefeito de Jerusalém: Segredos de Neemias para os lideres de hoje.* Edição própria.
_____. *O pulo do sapo.* Edição própria.
_____. *Provérbios para toda a vida.* Edição própria.
_____. *Superando limites.* Edição própria.
_____. *Triunfo: Dez cartas de sabedoria para vencer desafios.* Edição própria.
_____. *Viabilizando talentos: Como semear o crescimento pessoal e profissional.* Edição própria.
_____. *Vida com qualidade: Muitos querem, poucos conseguem.* Edição própria.
_____. *Voando como a águia: A inteligência espiritual como fator de mudança.* Edição própria.

JÚLIO, Carlos Alberto. *A arte da estratégia.* Rio de Janeiro: Campus, 2005.
_____. *A magia dos grandes negociadores.* Rio de Janeiro: Campus, 2002.
_____. *Reinventando você.* Rio de Janeiro: Campus, 2002.
_____. *Superdicas para vender e negociar bem.* São Paulo: Saraiva, 2007.

MAGALHÃES, Dulce. *Manual da disciplina para indisciplinados.* São Paulo: Saraiva, 2008.
_____. *Mensageiro do vento, uma viagem pela mudança.* Rio de Janeiro: Qualitymark, 2006.
_____. *Superdicas para administrar o tempo e aproveitar melhor a vida.* São Paulo: Saraiva, 2008.

MARINS, Luiz. *Administrar, hoje.* São Paulo: Harbra, 1988.
_____. *Algumas notas sobre direito primitivo.* São Carlos: UFSCar, 1973.
_____. *Alguns dados sobre o folclore nacional.* São Carlos: UFSCar, 1974.
_____. *Desmistificando a motivação no trabalho e na vida.* São Paulo: Harbra, 2007.
_____. *Help! I've Got a Partner.* Londres: Minerva, 1994.
_____. *Homo habilis.* São Paulo: Gente, 2005.
_____. *Livre-se dos corvos.* São Paulo: Harbra, 2002.
_____. *Momentos de motivação e sucesso.* São Paulo: Commit, 1999.
_____. *Motivação & sucesso – 15 anos – 780 mensagens motivacionais.* São Paulo: Anthropos, 2007.

_____. *O poder do entusiasmo e a força da paixão*. São Paulo: Harbra, 1999.

_____. *Profissão: vencedor*. Salvador: Casa da Qualidade, 1998.

_____. *Socorram-me dos meus parentes*. São Paulo: Harbra, 2001.

_____. *Socorro! Preciso de motivação*. São Paulo: Harbra, 1994.

_____. *Socorro! Tenho medo de vencer*. São Paulo: Harbra, 1997.

_____. *Socorro! Tenho um sócio*. São Paulo: Harbra, 1985.

_____. *Superdicas para ser um profissional vencedor*. São Paulo: Saraiva, 2008.

MUSSAK, Eugenio. *Caminhos da Mudança - Reflexões sobre um mundo impermanente e sobre as mudanças de "dentro para fora"*. São Paulo: Integrare, 2008.

_____. *Capacitação empresarial*. Brasília: Publicação do CNI – IEL – Sebrae, 2005.

_____. *Cérebro de estudante*. São Paulo: Paes, 1999.

_____. *Gigantes da motivação*. São Paulo: Landscape, 2007.

_____. *Guia Serasa de orientação ao cidadão*. São Paulo: Série SERASA Cidadania, 2004.

_____. *Metacompetência – Uma nova visão do trabalho e da realização pessoal*. São Paulo: Gente, 2003.

_____. *Uma coisa de cada vez – Atitudes para viver melhor*. São Paulo: Gente, 2006.

NAVARRO, Leila. *A vida não precisa ser tão complicada*. São Paulo: Gente, 2005.

_____. *Como manter a carreira em ascensão*. São Paulo: Saraiva, 2006.

_____. *Grandes egos não cabem no avião*. São Paulo: Letraviva, 2006.

_____. *O auto-emprego é a sua carta na manga*. São Paulo: Saraiva, 2006.

_____. *Obrigado, equipe*. São Paulo: Gente, 2002.

_____. *O que a universidade não ensina e o mercado de trabalho exige*. São Paulo: Saraiva, 2006.

_____. *Qual é o seu lugar no mundo?* São Paulo: Gente, 2004.

_____. *Supervocê – Descubra seu poder de superação*. São Paulo: Gente, 2003.

_____. *Talento para ser feliz*. São Paulo: Gente, 2000.

_____; GASALLA, José María. *Confiança – A chave para o sucesso pessoal e empresarial*. São Paulo: Integrare, 2007.

POLITO, Reinaldo. *A influência da emoção do orador no processo de conquista dos ouvintes*. 4. ed. São Paulo: Saraiva, 2005.

_____. *Assim é que se fala – Como organizar a fala e transmitir idéias*. 28. ed. São Paulo: Saraiva, 2006.

_____. *Como falar corretamente e sem inibições*. 111. ed. São Paulo: Saraiva, 2006.

_____. *Como falar de improviso e outras técnicas de apresentação*. 11. ed. São Paulo: Saraiva, 2006.

_____. *Cómo hablar bien en público*. Madri: Edaf, 2004.

_____. *Como preparar boas palestras e apresentações*. 5. ed. São Paulo: Saraiva, 1998.

_____. *Como se tornar um bom orador e se relacionar bem com a imprensa*. 7. ed. São Paulo: Saraiva, 2001.

_____. *Fale muito melhor*. 5. ed. São Paulo: Saraiva, 2003.

_____. *Gestos e postura para falar melhor*. 23. ed. São Paulo: Saraiva, 2002.

_____. *Oratória para advogados e estudantes de direito*. São Paulo: Saraiva, 2008.

_____. *Recursos audiovisuais nas apresentações de sucesso*. 6. ed. São Paulo: Saraiva, 2003.

_____. *Seja um ótimo orador*. 9. ed. São Paulo: Saraiva, 2005.

_____. *Superdicas para falar bem em conversas e apresentações*. 9. reimpressão. São Paulo: Saraiva, 2006.

_____. *Técnicas e segredos para falar bem*. São Paulo: IOB, 1993. 5 módulos.

_____. *Um jeito bom de falar bem – Como vencer na comunicação*. 10. ed. São Paulo: Saraiva, 2001.

_____. *Vença o medo de falar em público*. 8. ed. São Paulo: Saraiva, 2005.

ROMÃO, Cesar. *A conduta mágica*. São Paulo: Arx, 2003.

_____. *A força da intuição*. São Paulo: Arx, 2005.

_____. *Ainda bem que você existe*. São Paulo: Arx, 2004.

_____. *A razão da vida*. São Paulo: Arx, 2003.

_____. *A semente de Deus*. Lisboa: Pergaminho, 2006.

_____. *A semente de Deus*. Rio de Janeiro: Sextante, 2006.

_____. *Das Samenkorn Gottes*. Darmstadt: Schirner Verlag, 2005.

_____. *Emoções ainda existem*. São Paulo: Elevação, 1999.

_____. *Encontre sua estrela*. São Paulo: Arx, 2005.

_____. *Fábrica de gente*. São Paulo: Arx, 2004.

_____. *Grazie di esistere*. Milão: Italianova, 2008.

_____. *Il giardiniere di Dio*. Milão: Italianova, 2008.

_____. *Il seme di Dio*. Milão: Italianova, 2005.

_____. *I superconigli: Autostima & motivazione*. Milão: Italianova, s/d.

_____. *La semilla de Dios*. Barcelona: Obelisco, 2001.

_____. *O quarto rei mago*. São Paulo: Arx, 2003.

_____. *O seu futuro depende de você*. São Paulo: Arx, 2004.

_____. *Puoi farcela anche tu*. Milão: Italianova, 2008.

_____. *Rota dos vencedores*. São Paulo: Arx, 2005.

_____. *Sonhando e realizando*. São Paulo: Arx, 2005.

_____. *Su futuro depende de usted*. Madri: Pluralsingular, 2006.

_____. *Superdicas para motivar sua vida e vencer desafios*. São Paulo: Saraiva, 2007.

_____. *Tente outra vez*. São Paulo: Arx, 2003.

_____. *Trova la tua stella*. Milão: Italianova, 2008.

_____. *Tudo vai dar certo*. São Paulo: Arx, 2004.

SOUZA, César. *O caminho das estrelas*. Rio de Janeiro: Sextante, 2008.

_____. *O momento da sua virada*. São Paulo: Gente, 2004.

_____. *Talentos e clientividade*. Rio de Janeiro: Qualitymark, 2001.

_____. *Você é do tamanho de seus sonhos*. São Paulo: Gente, 2003.

_____. *Você é o líder da sua vida?* Rio de Janeiro: Sextante, 2007.

TAVARES, Clóvis. *Água mole em pedra dura*. São Paulo: Gente, 2001.

_____. *A mágica do marketing*. São Paulo: Navegar, 1995.

_____. *Por que é importante sonhar*. São Paulo: Gente, 1999.

_____. *Todos nascemos curingas*. São Paulo: Navegar, 2007.

TIBA, Içami. *Abaixo a Irritação: Como desarmar esta bomba-relógio no relacionamento familiar*. São Paulo: Gente, 1995.

_____. *Adolescência: O despertar do sexo*. São Paulo: Gente, 1994.

_____. *Adolescentes: Quem Ama, Educa!* São Paulo: Integrare, 2005.

_____. *Amor, Felicidade & Cia*. São Paulo: Gente, 1998.

_____. *Anos Caídos: Como prevenir e eliminar as drogas na vida do adolescente*. São Paulo: Gente, 1999.

_____. *123 Respostas sobre Drogas*. São Paulo: Scipione, 1994.

_____. *Disciplina, Limite na Medida Certa*. São Paulo: Gente, 1996.

_____. *Disciplina, Limite na Medida Certa – Novos paradigmas*. São Paulo: Integrare, 2006.

_____. *Educação & Amor*. São Paulo: Integrare, 2006.

_____. *Ensinar Aprendendo: Como superar os desafios do relacionamento professor-aluno em tempos de globalização*. São Paulo: Gente, 1998.

_____. *Ensinar Aprendendo: Novos paradigmas na educação*. São Paulo: Integrare 2006.

_____. *Homem Cobra, Mulher Polvo*. São Paulo: Gente, 2004.

_____. *Juventude & Drogas: Anjos Caídos*. São Paulo: Integrare, 2007.

_____. *Obrigado, Minha Esposa!* São Paulo: Gente, 2001.

_____. *O(a) Executivo(a) & Sua Família: O sucesso dos pais não garante a felicidade dos filhos*. São Paulo: Gente, 1998.

_____. *Puberdade e Adolescência: desenvolvimento biopsicossocial*. São Paulo: Ágora, 1986.

_____. *Quem Ama, Educa!* São Paulo: Gente, 2002.

_____. *Quem Ama, Educa! – Formando cidadãos éticos*. São Paulo: Integrare, 2007.

_____. *Saiba Mais sobre Maconha e Jovens*. São Paulo: Ágora, 1989.

_____. *Seja Feliz, Meu Filho*. São Paulo: Gente, 1995.

_____. *Seja Feliz, Meu Filho*. Edição revista e ampliada por Natércia Tiba. São Paulo: Integrare, 2006.

_____. *Sexo e Adolescência*. São Paulo: Ática, 1985.

VIANNA, Marco Aurélio Ferreira. *Administração de pequena e média empresa*. São Paulo: IOB, 1984.

_____. *Administrando empresas na década de 80*. São Paulo: Instituto MVC, 2001.
_____. *Administrando empresas na entrada do século XXI: 1998*. São Paulo: Instituto MVC, 2001.
_____. *Administrando empresas na entrada do século XXI: 1999*. São Paulo: Instituto MVC, 2001.
_____. *A empresa ponto ômega*. São Paulo: Gente, 1996.
_____. *A era da competência*. São Paulo: IOB e Gente, 1983.
_____. *Ambiente estratégico: anos 80*. São Paulo: Instituto MVC, 2001.
_____. *Chegamos ao ano 2000*. São Paulo: Instituto MVC, 2001.
_____. *Conversando com Marco Aurélio: Livro I*. São Paulo: Instituto MVC, 2001.
_____. *Conversando com Marco Aurélio: Livro II*. São Paulo: Instituto MVC, 2001.
_____. *Definição estratégica e avaliação do portfólio*. São Paulo: Instituto MVC, 2001.
_____. *2001: Chegando a odisséia*. São Paulo: Instituto MVC, 2001.
_____. *2002: O ano da volatilidade*. São Paulo: Instituto MVC, 2002.
_____. *Futuro: Prepare-se*. São Paulo: Gente, 1998.
_____. *Gerenciando na era do caos (1995-1997)*. São Paulo: Instituto MVC, 2001.
_____. *Gerente total: Como administrar com eficácia no século XXI*. São Paulo: Gente, 1996.
_____. *Gestão e competitividade (1990-1994)*. São Paulo: Instituto MVC, 2001.
_____. *Grandes questões da administração de empresas*. São Paulo: Instituto MVC, 2001.
_____. *Manual de treinamento e desenvolvimento*. São Paulo: ABTD; Makron Books, 1999.
_____. *Modelo de gestão das empresas no Brasil*. São Paulo: Instituto MVC, 2001.
_____. *Motivação, liderança e lucro*. São Paulo: Gente, 1999.
_____. *Mudando os paradigmas*. Rio de Janeiro: Mapa 8 e Qualitymark, 1989.
_____. *Nas ondas do futuro*. São Paulo: Gente, 2001.
_____. *O líder cidadão e a nova lógica do lucro*. Rio de Janeiro: Qualitymark, 2003.
_____. *O melhor ano da vida: a vida como exercício de melhoria contínua*. São Paulo: Gente, 1996.
_____. *Planejamento estratégico: Conceito e metodologia*. São Paulo: Instituto MVC, 2001.
_____. *Que crise é esta? – Os atributos das empresas triunfadoras*. São Paulo: Gente, 1998.
_____. *Recursos humanos: excelência de idéias*. Rio de Janeiro: Quartet ABRH-RJ, 1994.
_____. *Reestruturação competitiva*. Rio de Janeiro: Mapa 8; Qualitymark, 1989.
_____. *Relaciones industriales y recursos humanos*. S. l.: ADPA/WFPA, 1998.
_____. *Revolução estratégica e gerencial*. Rio de Janeiro: Mapa 8; Qualitymark, 1985.
_____. *Trabalhar para quê?* São Paulo: Gente, 1997.
_____. *30 anos de idéias*. São Paulo: Gente, 1998.
_____. *Valeu a pena? Carta ao pequeno empresário de alma grande*. São Paulo: Gente, 1995.

PARA SABER MAIS SOBRE OS AUTORES

Carlos Alberto Júlio www.carlosjulio.com.br
Cesar Romão www.cesarromao.com.br
César Souza www.cesarsouza.com
Clóvis Tavares www.clovistavares.com
Dulce Magalhães www.work.com.br
Eugenio Mussak www.sapiensapiens.com.br
Içami Tiba www.tiba.com.br
João Roberto Gretz www.gretz.com.br
Leila Navarro www.leilanavarro.com.br
Luiz Almeida Marins Filho www.anthropos.com.br
Marco Aurélio Ferreira Vianna www.marcoaurelioferreiravianna.com.br
Reinaldo Polito www.reinaldopolito.com.br
Waldez Luiz Ludwig www.ludwig.com.br

OUTROS LANÇAMENTOS DA INTEGRARE EDITORA

Confiança
A chave para o sucesso pesoal e empresarial

Autores: **Leila Navarro e José María Gasalla**
ISBN: **978-85-99362-15-0**
Número de páginas: **128**
Formato: **14 x 21cm**

Quem Ama, Educa!
Formando cidadãos éticos

Autor: **Içami Tiba**
ISBN: **978-85-99362-16-7**
Número de páginas: **320**
Formato: **16 x 23cm**

Caminhos da Mudança
Reflexões sobre um mundo
impermanente e sobre as
mudanças de "dentro para fora"

Autor: **Eugenio Mussak**
ISBN: **978-85-99362-27-3**
Número de páginas: **192**
Formato: **16 x 23cm**

Impressão e Acabamento